कौन हूँ मैं

(काव्य संग्रह)

अनु सिंह पाण्डेय

Published by

In Association with

Title   :   Kaun Hoon Main

Author   :   Anu Singh Pandey

Editor   :   Tushar Gautam

Edition   :   1st (August, 2024)

ISBN   :   9788197792762

Published by

In Association with

Regd. Add.: Taneesha Publishers, 254, Khuriyakhatta No. 10, Bindukhatta, Lalkuan, Nainital - 262402, Uttarakhand, India
Website : www.taneeshapublishers.in
E-mail : taneeshapublishers@gmail.com
Phone : +91 8057 812712, +91 8454 812712

Cover Design & Interior Layout by : **BookPublish.in**

Printed by : Manipal Technologies Limited, Bengaluru - 560001

सदगुरु एवं अपने प्रियजनों के
चरणों में समर्पित

अनुक्रमणिका

अपनी बात

प्रिय पाठक,

आपके समक्ष प्रस्तुत है कविताओं का यह संग्रह, जो मेरे हृदय की गहराइयों से निकले शब्दों का प्रतिफल है। कविता, साहित्य की वह विधा है जो हमारे मन की कोमलतम भावनाओं को व्यक्त करती है। कविताएँ हमें जीवन के विविध रंगों से रूबरू कराती हैं। वे हमें हँसाती हैं, रुलाती हैं, सोचने पर मजबूर करती हैं और कभी-कभी हमारे मन की गहराइयों में छुपी भावनाओं को उजागर करती हैं। इस पुस्तक में आपको जीवन के विभिन्न रंगों और अनुभूतियों का अनूठा मिश्रण मिलेगा। यह पुस्तक मेरे जीवन के उन अनुभवों, भावनाओं और विचारों की सजीव प्रस्तुति है, जिन्हें मैंने अपनी कलम से उतारा है। कविता के माध्यम से अपने मनोभावों को सटीक रूप में अभिव्यक्त किया है।

यह काव्य संग्रह केवल शब्दों का मेल नहीं है, बल्कि यह मेरे जीवन के उन अनमोल क्षणों का सार है, जिन्हें मैंने संजोया है। आशा है कि मेरी कविताएँ आपके मन को छू पाएगी और आपको अपने जीवन के अनुभवों में एक नई दृष्टि से देखने का अवसर देंगी।

इस पुस्तक को आपके समक्ष प्रस्तुत करते हुए, मैं अत्यंत गर्व और हर्ष का अनुभव कर रही हूँ। यह संग्रह आप सभी के लिए हैं, जिन्होंने अपने जीवन में कभी न कभी कविता के जादू को महसूस किया है।

पहचान

एक नाम के साथ,

जग में आए हो,

एक नाम के साथ,

जग से जाओगे,

जिस पहचान के साथ आए हो

क्या वही पहचान छोड़कर जाओगे,

नाम तो माता-पिता का दिया,

पहचान कैसे बना पाओगे?

पहचान की खोज में कई बार निकले,

परिचय, पहचान से न कर पाए।

पहचान बनाना बड़ा कठिन,

लग जाते शायद कई एक जन्म।

घुप अँधेरा चारों तरफ़,

मन बैचैन, पाँव थर-थर,

जाने लगता राह गलत,

आत्मा की सुन आगे बढ़,

शायद वही हो सही डगर।

इतिहास गवाह है बना खड़ा,

पहचान की खोज करने ही,

कलिंग का युद्ध रचा गया।

आसान होता पहचान को खोजना,

तो बुद्ध, महावीर न जाते वन।

अपनी पहचान की खोज करना

मानो सतगुरु का मिलना।

न पहचान को समझ पाओ तो,

पुनः जन्म-मृत्यु के चक्र में फँसना।

छोड़ दे तू भोग-विलास,

छोड़ दे तू संगी -साथ,

ले प्रण जल अंजुलि भर,

पहचान की पहचान हो इसी जन्म।

पहचान की खोज में,

पहचान की ओर,

पहचान को पहचानने में,

और लग जाए न जाने कितने जन्म।।

कलम की यात्रा

ऐ कलम निकल तू अपनी यात्रा पर,

जहाँ से रूबरू के लिए,

प्यार बाँटने और बटोरने के लिए,

खुले विचारों को परखने के लिए,

क्राँति की आगाज़ के लिए,

लोगों के साथ हो लेने के लिए,

ऐ कलम जा निकल तू अपनी यात्रा पर,

तू बढ़ राह ख़ुद ही बन जाएँगे,

दिलों के मैल धूल जाएँगे,

सीमाएँ सब मिट जाएँगी,

सबलोग एक हो जाएँगे,

ऐ कलम जा निकल तू अपनी यात्रा पर,

तू अब बैठ नहीं सकता,

संकोच भी नहीं कर सकता,

राह तुझे ही बनाना है,

साथ अपनों का पाना है,

मंज़िल दूर पर नामुमकीन नहीं,

रास्ते कँटीले और पथरीले हैं,

पर है तो सही!

ऐ कलम जा निकल तू अपनी यात्रा पर,

तुझे कौन है रोकने वाला,

तुझे कौन है टोकने वाला,

तू तो सीमाओं और बंधनों से परे,

जात-पात , धर्म सब एक करे,

शंखनाद कब का हो चुका,

तुझे अब किस बात की चिंता,

जा निकल तू अपनी यात्रा पर।

शांतिदूत बन जग घूमना,

शत्रुओं से भी मित्रता करना,

भटके हुओं को मार्ग दिखाना,

अपनों से तू हाथ मिलाना,

जा बढ़, बढ़ता चल,

राह तुझे है खुद बनाना,

ऐ कलम, जा उठ अपनी यात्रा पर निकल।

खुद को पा अकेला तू डर मत,

हिम्मत रख और आगे बढ़,

मुश्किलों को गले लगा,

दुश्मनों का सामना कर,

नहीं किसी में इतनी हिम्मत,

तोड़ सके जो तेरा अन्तर्मन,

जा बढ़, बढ़ता चल,

ऐ कलम, जा उठ अपनी यात्रा पर निकल।

चंद्रयान का सफर

इस सदी की महान उपलब्धि,
इसरो द्वारा रचा गया।।
चंद्रमा के आंकड़ों का विश्लेषण करने,
उसे विश्व के समक्ष रखा गया।
भारतीय अंतरिक्ष अनुसंधान का पुत्र,
अनोखे खोज के लिए जन्म लिया।
चंद्रयान –2 नामकरण कर,
भारत ने इतिहास रचा।
ग्यारह वर्षों की कठिन तपस्या,
आज विश्व के समक्ष प्रकट हुआ।
इस सदी की महान उपलब्धि,
इसरो द्वारा रचा गया।।
कर शंख नाद , फूलों की वर्षा,
तिलक लगा प्रस्थान किया।
माताओं के आशीर्वाद कवच,
और वैज्ञानिकों की साँस लिए,
संकटमोचन रूप में अपने,
ऑर्बिटर को साथ लिए,
यात्रा चन्द्रमा के दक्षिण अक्षांश की,
निश्चित ही उधेशपूर्ण करने,
इस सदी की महान उपलब्धि,
इसरो द्वारा रचा गया।।
पहियादार रोवर जब उसका,
चंद्र की सतह पर चलेगा,
चंद्रमा की मिट्टी से ही,
अपना वो राजतिलक करेगा।

माताओं की जब दुआ हो साथ,
संपर्क टूटना नहीं आसान,
थोड़ा विश्राम करने के पश्चात,
निर्बाध गति से काम करेगा,
उधेश्य पूर्ण कर विक्रम,
जल्द ही संपर्क करेगा।
इस सदी की महान उपलब्धि,
इसरो द्वारा रचा गया।।

ज़िन्दगी

पीछे मुड़कर देखा जब मैंने,

लगा, अभी तो ज़िन्दगी शुरु की मैंने।।

तर्क-वितर्क असमंजस में आई,

नए-पुराने का भेद जान न पाई,

जीवन के कुछ रंग हैं देखे,

हर पल, हर पहलू से सीखे।

न जाने कितने उतार-चढ़ाव,

आईना दिलाता सबकी याद

पीछे मुड़कर देखा जब मैंने,

लगा, अभी तो ज़िन्दगी शुरु की मैंने।।

थोड़े सावन अभी हैं देखे,

थोड़ी-सी खुशियाँ ही देखी,

ज़ीवन के इस आपाधापी में,

कहीं धूप, कहीं छाँव में,

कितना कठिन है इस बात का जानना,

कौन नया है और कौन पुराना।

पीछे मुड़कर देखा जब मैंने,

लगा, अभी तो ज़िन्दगी शुरु की मैंने।।

आज सुबह की बात है,

मानो तो कुछ खास है।

आईना पूछता एक सवाल,

कहता, तुम्हारे ज़माने की बात है।

पीछे मुड़कर देखा जब मैंने,

लगा, अभी तो ज़िन्दगी शुरु की मैंने।।

ख़ुद को बच्चे के रूप में पाया,

आईने को भी यही बताया,

कल भी वही चेहरा था मेरा,
आज भी वही संसार है,
फिर क्या ज़माने की बात है।
पीछे मुड़कर देखा जब मैंने,
लगा, अभी तो ज़िन्दगी शुरु की मैंने।।
आईना एक अनसुलझी,
आईना एक अनकही,
कहानियों का संसार है,
आईना सदा सच भी नहीं कहता,
ये तो मायाजाल है।
अभी तो ज़िन्दगी शुरु की मैंने।।

तन्हा मन

आज फिर तन्हा मन मेरा,
तन्हाई पा कुछ कहता है,
बातों का तो पता नहीं,
ताने बुनता रहता है।
पुरानी उन गलियों में जा,
मन व्याकुल हो जाता,
अनचाहे ही सही,
उन्हीं राहों पर चल पड़ता है।
हवा जो बहती शरीर को छू,
रूह काँप जाती है,
उन पलों और खुशबू की,
अहसास जगा जाती है।
चलना उन पगडंडियों पर,
एक बार फिर से,
गिरकर भी चोट लगने का
दर्द ज़रा न दे जाती थी।
कितना उलझ गए हम तो,
अपने ही बुने जाल में,
जितना भी चाहूँ निकलने की,
उतना ही फँसती जाऊँ मैं।
न तो कुछ सूझ पाता अब तो,
इस उधेड़बुन जंगल में।
दो-दो पल गिना करते थे,
सुबह के इंतज़ार में,
नई उम्मीद के साथ जगे,
नई आशा के साथ बढ़े।

ग्रह-नक्षत्र का जोड़ -तोड़,
न कुछ काम आता है,
पीर, फ़कीर, बाबा भी अब तो
न कोई काम आता है।
यूँ तन्हा अकेले में बैठे,
मन मेरा रोता है,
एक नकली चेहरा लगा फिर से,
काम पर चल देता है।
न जाने कहाँ भूल हो गई,
या फिर कोई चूक हो गई,
लाख चाह करके भी,
कुछ भी बदल नहीं पाता है।
आज फिर तन्हा मन मेरा,
तन्हाई पा कुछ कहता है।।

तलाश

लगी हूँ जीवन के जोड़-तोड़ और
हिसाब-किताब में,
कोई छाँव मिल जाए तो,
विश्राम कर लूँ मैं।
लगी हूँ अर्थहीन रास्तों को अर्थपूर्ण बनाने में,
वो अर्थ मिल जाए तो,
विश्राम कर लूँ मैं।
लगी हूँ अंतहीन राहों के
अंत तक पहुँचने में,
वो अंत मिल जाए तो,
विश्राम कर लूँ मैं।
लगी हूँ अपने ही सवालों के,
जवाबों को ढूँढ़ने में,
वो जवाब मिल जाए तो,
विश्राम कर लूँ मैं।
लगी हूँ एक बूँद समुद्र में ढूँढ़ने में,
वो बूँद मिल जाए तो,
तो विश्राम कर लूँ मैं।
लगी हूँ आरंभ और प्रारब्ध को खोजने में,
वे कहीं मिल जाए तो विश्राम कर लूँ मैं।
लगी हूँ हरियाली ढूँढ़ने में,
वो हरियाली मिल जाए तो,
विश्राम कर लूँ मैं।
लगी हूँ खुद को तलाश करने में,
वो तलाश ख़त्म हो जाए तो,
तो विश्राम कर लूँ मैं।

नारी तेरे रूप

नारी तूने हर रूप है देखा,
हर स्थिति, हर अवस्था,
हर हाल में खुद को है सींचा।।
प्रतिकूल परिस्थियों में,
हँसती और हँसाती रही,
आस-पास के वातावरण को,
अनुकूल, खुशनुमा बनाती रही।
आसां नहीं था इस जहाँ में,
अपने लिए एक जगह बनाना,
पग-पग पर जहाँ लिखा हुआ था,
औरतों का वर्जित है आना।
पुरुष प्रधान इस समाज की,
कैसी ये विडंबना तो देखो,
चाह तभी तनया की होती,
जब वंश की बात आती।
देवी के पूजा स्थल पर,
साथ खड़ी देवी अपमानित होती,
पुत्र चाह की इच्छा भी तो,
देवी के आगे बोली जाती।
समाज के अनदेखे चेहरे,
जिन पर नक़ाब चढ़ा हुआ है,
कठिन और आश्चर्यजनक,
साथ ही भ्रमित करता है।
नारी तूने हर रूप देखा,
हर स्थिति हर अवस्था,
हर हाल में खुद को है सींचा।।

विजय पताका आज उसके हाथ,
चाहे राह में कितनी मार,
इतना आसान नहीं रोकना,
शक्ति प्रदर्शन अब उसके हाथ,
शत-शत नमन नारी शक्ति को,
युवा पीढ़ी सशक्त हुआ,
कटु सत्य को अपनाकर भी,
जीवन का मार्गदर्शन किया।
नारी तूने हर रूप देखा,
हर स्थिति हर अवस्था,
हर हाल में खुद को है सींचा।।

माँ गंगा

गंगा मइया की ऐसी हालत,
ज़िम्मेदार हम सब आज हैं,
बिन बन्धन जो कलकल बह,
अपनी राह खुद बनाती,
उसे जगह-जगह से बाँध दिया।
रास्ता रोका नई राह भी दिया,
जहाँ न चाहा ठुकरा दिया,
क्या भगीरथ ने यही सोचकर,
गंगा का आवाहन किया।
वह तो माता के रूप में आकर,
प्रेम-सुधा सब पर बरसाई,
अमृत जलधारा पान करा,
रोग पाप से मुक्त किया।
माता तेरे स्पर्श मात्र से,
मानव का उद्धार हुआ।
तन-मन की गरमाहट भी,
शीतल जल से शांत किया।
जिस पावन तट पर बैठे,
ऋषियों ने की वेदों की रचना,
इंसान ने जलधारा रोक,
कई इमारतों का निर्माण किया।
दूर-दूर से लोग आकर,
श्राद्ध-कार्य कर पुण्य कमाते,
पर अफ़सोस विषैले पदार्थ डाल,
अपना पाप स्वयं बढ़ाते।
कैसी ये विडंबना तो देखो,

सुबह की गंदगी को,
संध्या आरती से साफ़ किया।
बैठ तट तेरे दिख जाता,
पूर्वजों का इतिहास पुराना,
तू तो स्वर्ग से धरती पर आ,
मानव का कल्याण ही किया।
माँ इतनी शक्ति-भक्ती भर दे,
चारों ओर ज्ञान का प्रकाश फैला,
तेरे पास आकर ही,
मुक्ति का है द्वार खुला।
आज मैं क्षमा प्रार्थना इच्छुक,
उनसब की ओर से,
जिनलोगों ने ख़ुद ही अपना,
विनाश स्वयं के हाथ किया।

मैं लिखती हूँ

हाँ, मैं लिखती हूँ,

लिखती हूँ, उष्म मन की शीतलता के लिए,

पीपल के ठंडे छाँव तले बैठ पाने के लिए,

मिट्टी की सोंधी खुशबू पाने के लिए,

वर्षा की बूंदों में छिपे जीवन को पाने के लिए,

हाँ मैं लिखती हूँ।

लिखती हूँ, पुराने मकानों में रह रहे,

अपने ही लोगों तक पहुँच पाने के लिए,

उदास चेहरों पर मुस्कराहट बिखरने के लिए,

अपने-पराए का भेद समेटने के लिए,

हाँ मैं लिखती हूँ।

लिखती हूँ, आकाश को धरती से मिलाने के लिए,

पक्षियों की तरह उन्मुक्त आकाश में चहचहाने के लिए,

नदी के किनारे बैठ बहती धारा में बह जाने के लिए,

हाँ मैं लिखती हूँ।

लिखती हूँ, सोते हुओं को जगाने के लिए,

अनिर्मित पथों को बनाने के लिए,

अंधकार में रोशनी फैलाने के लिए,

उजड़े घरों को बसाने के लिए,

दिलों को दिलों से मिलाने के लिए,

भटके राहगीरों को राह दिखाने के लिए,

हाँ मैं लिखती हूँ।

लिखती हूँ, बुद्धत्व को पाने के लिए,

जन्म और मृत्यु से परे हो जाने के लिए,

सारे रस्मों और रीति-रिवाज़ों को फैलाने के लिए,

उत्सवों को महाउत्सव बनाने के लिए,

गोपियों को कृष्ण से मिलाने के लिए,
सीता को सीतत्व दिलाने के लिए
हाँ, मैं लिखती हूँ।
लिखती हूँ, अपनी संवेदनाओं को लोगों तक पहुँचाने के लिए,
लिखती हूँ अपने ही कलम को पहचानने के लिए,
हाँ, मैं लिखती हूँ।।

राह की तलाश

खुद की तलाश में,
राह पे निकली हूँ।
किस राह पे चलके,
उस राह तक पहुँचूँ
उस राह की तलाश में निकली हूँ।
हर एक राह उस राह पे पहुँचता,
ऐसा, सोच विचार मैं निकली हूँ।
जिस राह पे पहुँचना,
उसका आगे है रस्ता,
वहाँ पहुँच पाने के ख़याल से निकली हूँ।
राह तो सारे एक समान हैं दिखते,
फिर उस राह की राह कहाँ है?
जिस राह पे चलके तलाश ख़त्म हो,
उस राह की तलाश में आज मैं निकली हूँ।
उस राह पे है खुशियों का बसेरा,
उस राह पे न दुखों का डेरा।
उस राह पे कभी साँझ न आती,
उस राह पे हर सुबह है हँसता।
ऐसे सुबह की तलाश में निकली हूँ।
खुद की तलाश में राह पे निकली हूँ।

रिश्ते

आज ही सुबह जब मित्र ने कहा,
शर्मा जी के बच्चे वैवाहिक जीवन में बँध गए हैं।
मैंने भी अपनी खुशी जताई,
और ज़रा हिचकिचाकर पूछा,
रिश्तों में बंध गए हैं?
रिश्तों में बंध जाना या बाँध दिया जाना,
मामूली-सा अंतर था दोनों में,
पर नतीज़ा ज़रा गंभीर था हक़ीक़त में।
बात उनके समझ न आई,
मैं भी ज्यादा कुछ बोल न पाई।
समझना और समझा पाना,
दोनों ही बड़ा जटिल था,
हाँ इतना ज़रूर पता था,
"बन्धन" रिश्तों की खूबसूरती दर्शाते हैं।
"बाँधना" घुटन और नाराज़गी जताते हैं।
खुद ही व्याख्या किया जब करना,
पता चला तब जड़ का चेतन से मिलना।।
बड़ा पवित्र और पावन है बन्धन,
फैलाए खुशबू हर तन-मन,
रिश्ते और मज़बूत बन जाते,
जब न हो उसमें बेफ़िज़ूल बातें।
सुख-दुःख साझा मिलकर करें,
थोड़ा समय भी दिया करें।
रखें ख़याल छोटी-छोटी बातों का,
बड़े से तो हम लड़ लिया ही करें।
आदर हो सम्मान हो,

आज़ादी की डंका बजे।
सवालों पर न संदेह किया करें,
जवाबों पर विश्वास किया करें।
ख़ुद की थकान, थकान है,
दूसरे की थकान का भी एहसास रहे।
कभी गलतियों को समझा दिया करें,
कभी गलतियों को अनदेखा भी किया करें।
रुक जाएँ तो हाथ थाम लिया करें,
आगे बढ़े तो प्यार से पुकार लिया करें।
कभी ज़रा झुक जाया करें,
कभी समझौते से बात मना लिया करें।
पूछने पर तीखी प्रतिक्रिया,
लाए रिश्तों में अनचाही क्रिया,
बड़ा आसान है सब हल कर लेना,
थोड़ा प्यार और कर लेना।
“बन्धन” रिश्तों की खूबसूरती दर्शाति हैं।
“बाँधना” घुटन और नाराज़गी जताते है।।

समझो तब दिवाली है

जब कोई आसिफा और निर्भया न दिखे,
तो समझो कि आज दिवाली है।
जब घरेलू हिंसा का आतंक खत्म हो जाए,
तो समझो कि आज दिवाली है।
जब कोई माँ घर से निकलने पर न रोए,
तो समझो कि आज दिवाली है।
जब साँस के साथ बचियाँ दफ़न न हो,
तो समझो कि आज दिवाली है।
जब कन्या भ्रूण हत्या बन्द हो जाए,
तो समझो कि आज दिवाली है।
जब छुआ-छूत और ऊँच-नीच खत्म हो जाए,
तो समझो कि आज दिवाली है।
जब सीमा पर जवान चैन से सोए,
तो समझो कि आज दीवाली है।
जब लहलहाता फ़सल देख किसान ठन्डी साँसे भरे,
तो समझो कि आज दिवाली है।
जब कोई नौजवान रोज़गार के लिए न भटके,
तो समझो कि आज दिवाली है।
जब कोई बच्चा खाली पेट न सोए,
तो समझो कि आज दिवाली है।
जब रूढीवादी परम्पराएँ बन्द हो जाए,
तो समझो कि आज दिवाली है।
जब मिट्टी के दियों से किसी का घर भर जाए,
तो समझो कि आज दिवाली है...
तो समझो कि आज दिवाली है

सैर

आज सुबह जब सैर पर निकली,

अदभुत प्राकृतिक नज़ारे के साथ।

अपने मन में विचार करती,

साथ ही तंद्रा का विकास करती।

हर पग, हर डग पर सोचती,

बचपन की हर वो बात।

आज सुबह जब सैर पर निकली,

अद्भुत प्राकृतिक नज़ारे के साथ।

कितना सरल और निर्मल घर था वहाँ

चारों ओर निर्भय और शांतिपूर्ण नज़ारा था वहाँ।

बच्चों के हँसी और ठहाकों की आवाज़,

बड़े-बूढ़ो के राजनीतिक विचार-विमर्श की आगाज़।

आज सुबह जब सैर पर निकली,

अद्भुत प्राकृतिक नज़ारे के साथ।

खेत-खलिहान, बागीचे वाला था वह बचपन,

सादी फ्रॉक, हवाई चप्पल वाला था वह बचपन।

पूड़ी-खीर के इंतजार वाला था वह बचपन,

नए बस्ते और नई किताबों से उत्साह भर देने वाला था वह बचपन।

मुहल्ले के हर घर में चाची, मौसी और फुआ वाला था वह बचपन।

औरों की खुशियों में खुश हो जाने वाला था वह बचपन।

आज सुबह सैर पर निकली,

अद्भुत प्राकृतिक नज़ारे के साथ।

समय ने कुछ यूँ रंग बदला,

देश अब विकासशील हो बदला।

गलियाँ आज नॉर्दन स्ट्रीट बन गईं,

सेठ की दुकान बड़े मॉल्स ले गईं।

मैदानों की जगह, इमारतें ले गईं।
आज सुबह जब सैर पर निकली,
अद्भुत प्राकृतिक नज़ारे के साथ।
आज सुबह जब सैर पर निकली,
अनगिनत ख़यालों के साथ

माँ दुर्गे

हे माँ दुर्गे, आदिशक्ति,
किस रूप में तेरी करूँ मैं भक्ति,
मैं नादान अज्ञान पुजारिन,
न जानूँ कौन सा रूप है भारी।
कभी तू जानी जाती 'उमा',
कभी तू 'हेमवती' शक्तिरूपा,
शांत रूप में 'गौरी' कहलाती,
विक्राल रूप धर 'काली' बन जाती।
तू ही गुणवती, बुधत्व प्रदायनी,
सीता, सती, पार्वती, दुर्गायनी,
मैं नादान अज्ञान पुजारिन,
न जानूँ कौन सा रूप है भारी।
नवरात्री का यह शक्ति पर्व,
नवशक्ति नौ रूप दुर्गा कहलाती,
आदिशक्ति हे माँ दुर्गे,
सम्पूर्ण विश्व का संचालन करती।
पर्वतराज के घर जन्म लिया,
'शैलपुत्री' के रूप जानी जाती,
'ब्रह्ममचारिणी' रूप में तू,
ब्रह्मज्ञान से ज्ञात करती।
चंद्रमा सी तेज़ तेरी रोशनी,
तेज़ स्वर्ण के समान हो जाती,
तेरे अश्त्र- शस्त्र देखकर,
राक्षसों की हालत पस्त हो जाती।
'कुष्मांडा' के अवतार में तूने,
अंधकार, रोग और कष्ट भगाए।

कार्तिकेय का पथ प्रशस्त करने,
'स्कंदमाता' तू कहलाए।
महिषासुर का विनाश किया,
जब 'कात्यायनी' का अवतार लिया।
'कालरात्रि' बनकर भी,
भक्तों पर उपकार ही किया।
शिवजी को प्रसन्न करने,
महागौरी का रूप धरा,
'सिद्धिदात्री' अवतार में आकर,
शिवजी को अर्धनारीश्वर
अवतार प्रदान किया।
हे माँ मैं अज्ञान पुजारिन,
न जानूँ कौन सा रूप है भारी।
करूँ मैं अर्पण तेरे चरणों,
भौतिक,भोग-विलास की वस्तु,
बस एक चाह है जीवन की,
तेरे प्रेम, स्नेह, आशिष-भर की।
मैं तो हूँ अज्ञान पुजारिन,
न जानूँ विधि पूजा-अर्पण की,
बस एक चाह है जीवन की,
ममता छाँव भरे आँचल की।
वरदान ऐसा दे जगत को,
ज्ञान और प्रेम से भरा हुआ,
चारों ओर फैले शान्ति,
भाईचारे का पाठ पढ़ा।
दुःख, पीड़ा, रोग सब दूर हो जाए,
न देखा जाए कष्ट ये जग का।
माँ बस तेरे प्रीत की मोह में,

दिन- दुनिया से बैराग हो जाऊँ,
मैं तो हूँ अज्ञान पुजारिन,
न जानूँ विधि पूजा-अर्पण की।।

हाँ! मैं हिंदी हूँ

हाँ! मैं हिंदी हूँ।
हाँ, मैं हिंदी हूँ जो सदियों से कहती आई है,
मैं तुम्हारी हूँ।
तुम्हारे रग-रग में समाई है।
हाँ, मैं हिंदी हूँ।
तुम मुझे पाओगे,
घर-घर में गाँव में,
मिट्टी में, पानी में,
हवा में, फ़िज़ाओं में,
गीतों में, गानों में
त्योहारों के रंगों में
दीयों की रोशनी में
चिड़ियों के प्रभाती में
हाँ, मैं हिंदी हूँ।
हाँ, मैं हिंदी हूँ जो सदियों से कहती आई है,
मैं तुम्हारी हूँ।
तुम्हारे रग-रग में समाई है।
दूर कोई जब बैठ कहता
देश ने बुलाया है,
मिट्टी की खुशबु और माँ की याद आई है।
सरहद पर बैठा सैनिक लिखता,
अमन-चैन की बातें कहता,
लगता हम सब सुरक्षित हैं,
अपना भाई देश का प्रहरी है।
हाँ, मैं हिंदी हूँ।
वही हिंदी जो देश से निकल विदेश पहुँची।

प्यार इतना मिला
गैरों ने भी अपनाया।
सभ्यता-संस्कृति से उनका परिचय कराया।
आदर का पाठ पढ़ाया।
मित्रता का संदेशा दोहराकर
दुश्मन को बार-बार अपनाया।
मंदिर मस्ज़िद से बाहर निकल
देशभक्ति के गीतों में तुमने गाया।
हाँ, मैं हिंदी हूँ।
हाँ, मैं हिंदी हूँ जो सदियों से कहती आई है,
मैं तुम्हारी हूँ।
तुम्हारे रग-रग में समाई है।
जब सावन की पहली बूँद देख तुम ,
मन ही मन गुनगुनाते हो ,
खुशी तुम्हारी आँखों से झलके
होंठो पर मेरा नाम पाते हो।
मैं कहाँ पुरानी हूँ!
मैं कहाँ पुरानी हूँ नए ज़माने के साथ
नया ज़ामा पहनी हूँ।
हाँ, मैं हिंदी हूँ।
मैं वही हिंदी हूँ,
जो हिन्दुस्तान कहलाती है।
मैं वही हिंदी हूँ
जो हिन्द कहलाती है।
मैं वही हिंदी हूँ
जो भारत की पहचान बताती है।

उम्र के साथ

उम्र के साथ मैंने,
समय को बदलते हुए देखा है।
न चाहते हुए भी,
जीवन के रंगों को,
चढ़ते और उतरते हुए देखा है।
समय का रुक जाना,
अपशगुन होता है।
पर, शायद मैंने तो
उसे भी रुका हुआ देखा है।
उम्र के साथ मैंने,
समय को बदलते हुए देखा है।
राह की अनगिनत पहेलियाँ,
जानने की कोशिश की,
जीवन के मरुस्थल में,
मृगमरीचिका–सा दिखता है।
कलियों का बाग में खिलना,
खिल कर फिर मुरझा जाना,
तितलियों का आना और,
भँवरों के संग ताल मिलाना,
इनसब को भी बदलते हुए देखा है।
कभी उजाला, कभी अँधेरा,
कभी धूप और कभी छाया,
उष्ण और बेचैन मन मेरा,
नए सवेरे को न देखा है।
उम्र के साथ मैंने,
समय को बदलते हुए देखा है।।

एक नया सवेरा आएगा

अमावस के अँधियारे को चीरकर,
घनघोर काले बादलों को तीरकर,
नया सवेरा आएगा,
चारों ओर उजियारा फैलाएगा।
अज्ञानता, ज्ञान से भरा होगा,
द्वेष, प्रेम में डूबा होगा।
दुख, ख़ुशीहाली से भर जाएगा।
एक ऐसा सवेरा आएगा,
जहाँ भूखा दूसरों को भोजन करा
उनके तन ढक पाएगा।
नवभारत में नवजीवन का
पुनर्निर्माण हो पाएगा।
विष बन चुकी पवित्र नदियाँ,
पुन : अमृत-धारा बरसाएँगी,
उजाड़ हो चुके खेत-खलिहान,
फिर से सोना उपजाएँगे।
भारतवर्ष का राजतिलक,
विश्व स्तर पर किया जाएगा।
हे मानव उठ जाग जरा,
नया सवेरा तुझे बुला रहा,
कहाँ तू मंदिर, मस्जिद, गिरिजा
और गुरुद्वारे के हिसाब में लगा रहा।
रंग लहू का एक सबका,
फिर क्यों बाँट दिया गया है,
कैसी विडंबना है यह,
जात-पात, धर्म भेद को लेकर,

इंसान, इंसान का खून बहा रहा।
जल्द ही वो दिन आएगा,
जब भारत, विश्व के मानसपटल पर
नया इतिहास रच पाएगा।
पर्वतों की श्रृंखलाओं से ऊँचा,
नदियों की धाराओं से तेज़,
मानवता की आँचल तले ,
नया सवेरा चारों ओर
ज्ञान का प्रकाश फैलाएगा।।

ख़ुद से ख़फ़ा

ख़ुद-से ही ख़फ़ा हूँ मैं ,
बंद दरवाज़े की सज़ा हूँ मैं ।
आती-जाती ज़िंदगियाँ ,
उखड़ी साँसें, रुठ लिया ।
रोशनी अँधेरों में डूबती हुई ,
पैरों में पड़ी अदृश्य बेड़ियाँ ।
शहर शमशान बन गया ,
लगता अन्त है पास खड़ा ।
ख़ुद-से ही ख़फ़ा हूँ मैं ,
बंद दरवाज़े की सज़ा हूँ मैं ।
दूर खड़े मंज़र देख,
विज़न कैसा ये घेर रहे ।
नज़दीकियों की दूरियाँ बढ़ा रहा ,
पास कोई न जा रहा ।
मौन खड़े तमाशा बने रहे
मन में रोष, हाथ मसोस रहे ।
हाहाकार है चारों ओर ।
ख़ुद-से ही ख़फ़ा हूँ मैं , बंद दरवाज़े की सज़ा हूँ मैं ।
आलम ये ऐसा न कुछ करते बन रहा ,
छुटती साँसें न कोई रोक रहा ।
हर एक पल चैन छीन रहा ,
मन रोकर भी क्या ही कर लिया !
दर्शक मात्र हैं बने हुए ,
पारी-पारी गिरते हुए ।
कब जो खेल ख़तम होगा ?
क्या अब सबका अन्त होगा ?

खुशियाँ

छोटी-छोटी चीज़ों में खुशियाँ ढूँढ़ लेते थे हम,

आचार-पापड़ बाँट कर खुश हो लेते थे हम।

छत पर बैठ हरे साग बीनते

मूली, गाज़र, गोबी बरनी में भरते

अड़ोस-पड़ोस की छत को मिनटों में नाप थे आते

भरी लाल मिर्च चुटकियों में गायब कर आते।

बासमती चूड़े की खुशबू से

पूरा आँगन भर जाता

गुड़ के ढेले को

बंद आँखें, और कोई पार कर जाता

किसी का आना

किसी का जाना

न कोई पहनावा

न कोई दिखावा

न घर सजाना

न सजे घर देखने जाना

बिना बात ठहाके लगाना

उन्हीं ठहाकों पर बातें और जूते खाना

धूल-से सने कपड़े में कहीं भी सो जाना

नींद से झूलती आँखों से

दूध-रोटी का खाना

छोटी-छोटी चीज़ों में खुशियाँ ढूँढ़ लेते थे हम,

आचार-पापड़ बाँट कर खुश हो लेते थे हम।

बुआ, मौसी, चाची से सजा होता था मोहल्ला,

दूसरों की इज़्ज़त भी घर का था मसला

बैट-बॉल, गिल्ली डंडे पर सबका होता था हक

भाई की जीत पर
थाली पीटती ताई को न कोई शक
न तेरा न मेरा
न इसका न उसका
जो आ जाए वो थाली का हिस्सा
दौड़ लेते थे तो थोड़ा थम भी तो जाते थे
बैठ एक छत परेशानियाँ हल कर लेते थे।
एक के ऊपर पूरे घर का था सपना
न कोई कमी न कोई शिकायत
सब पर खुदा की रहमत
छोटी-छोटी चीज़ों में खुशियाँ ढूँढ़ लेते थे,
आचार-पापड़ बाँट कर खुश हो लेते थे हम।

छत्तीस इंच का सीना ताने

छत्तीस इंच का सीना ताने,
एक इंच न लेने देंगे,
तुम चार जवानों को शहीद करोगे ,
चालीस और खड़े मिलेंगे।
आधुनिकता से लैश हैं हम ,
लाठियों का जवाब भी देना जाने।
विनाश समय और बुद्धि बदली,
तू क्या किसी का विनाश करें।
खेल घिनौना जो रचा गया है,
षड़यंत्र तेरा सब अच्छे से जाने,
गहरी खाई जो खोद रहा है,
सबसे पहले तू ही गिरे।
शान्तिप्रिय हम हिन्दवासी,
अब तुम्हारी भाषा में बात करें।
बहुत हो गया चूहे-बिल्ली का खेल ,
हिम्मत है तो मैदान में आकर देख।
पीछे से हमला करना तो तेरी आदत है ,
जो कायरता की निशानी है।
हिंदी-चीनी भाई-भाई का नारा,
सूद समेत अबकी वसूलेंगे।
मत भूल शूरवीरों की यह भूमी है,
एक ललकार पर भारत माँ की,
सुत-सुता निकल लेंगे।
खून से सने इस मिट्टी को ,
गंगा जल से हमने धोएँ हैं ,
अबकी बार गंगा को हम ,

पांगोंग में मिला लेंगे।
कमज़ोर समझने की भूल न करना ,
मर्यादा अपनी हम न लाँघे।
पर माँ की आन पर आ जाए तो ,
लोहे के चने चबवाना हम अच्छे से जाने।

जाड़ा और नानी-दादी

जाड़े में कभी नानी-दादी को देखा है!
ख़ुद को पलंग पर समेटे हुए,
रजाई को लपेटे हुए,
बोरसी की गरमाहट,
चुस्कियों की लगातार चाहत,
मुँह से निकलता भाप।
गरम हाथ से पकड़ा न जाता
ठंडा गले के भीतर न जाता
टीना को अपने पास बुलाकर
बाहर का हाल बता दे।
जाने कौन दिसा की हवा है चली
हड्डी में मुई कपकपी है घुसी
अबकी तो बस अंतिम जाड़ा
सुन दादा ने भृकुटी ताना।
बोल अम्मा को मटर-कचौड़ी बना दे
मीठे में गाजर का हलवा खिला दे
मन तृप्त कर बैकुंठ धाम को जाऊँ
खाकर दादी ने रजाई ताना।
अंगीठी की गरमाहट
दादी की खरखराहट
बाकियों के लिए रात्रि
अलाराम-सी मुसीबत
सुबह रजाई में हरकत न पाई
कान लगाकर सुना तो
साँस चल रही थी भाई।

टीना बोली दादी तुम तो प्यारी हो
आज खाने में क्या बनेगा ?
अम्मा पूछ रही है ।
अम्मा को बोल सरसों का साग बना दे
मक्के की रोटी मक्खन लगा के
मीठे में पटाली गुड़ की खीर बना दे
बाहर का कोई हाल सुना दे ।

आईना

वो आवाज़,
जो आईना साथ ले चले,
अहं और गुरूर को,
वास्तविकता से मिलाती रहे।
पैरों को ज़मीन पर,
हौसला उड़ान भर,
बंद दरवाज़े के परे
रोशनी उम्मीद भरे।
डरती हूँ उस आवाज़ से
जो आईना साथ ले चले,
मलिन मन और चक्षुओं को विस्तृत करे।
स्वर्ण आवरण किंतु भष्म शेष ही बचे।
आँकड़ों का आकलन,
क्षितिज तुल्य कतार दिखे,
समय साथ-साथ राह चले
हाथ से समय निकलते हुए
डरती हूँ उस आवाज़ से
जो आईना साथ ले चले।

नन्ही चींटी आगे बढ़ती जाती है

एक साथ एक पथ पर चलना,

पंक्तिबद्ध हो आगे बढ़ते रहना,

कई सीमाएँ, अनगिनत चुनौतियाँ,

नन्ही चींटी आगे बढ़ती जाती है।

न कभी ऋतु की परवाह,

न ही तेज़ हवा से डर,

न ही बह जाने की चिंता,

अपने दल-बल को साथ ले,

आगे बढ़ती जाती है।

टेढ़ी- मेढ़ी, उबड़-खाबड़,

ऊँची-नीची राहों पर

छीतर-बीतर हो जाने पर भी,

उसी राह पर न जाने,

कैसे पंक्तिबद्ध हो चल पाती है।

जीवन की रेखाओं को दे चुनौती,

स्वयं के लिए सीधी राह बनाती है।

पथ पर अगर अड़चन आए तो,

भयंकर रूप दिखाती है।

डरने की कोई बात नहीं,

जब अपनों का हो साथ सही,

मज़बूत और पक्के इरादों के साथ

अपनी दिशा की ओर बढ़ जाती है।

रुकना कभी सीखा नहीं,

झुकना उसे पता नहीं,

साथ है उसके अड़िग इरादे,

नन्ही चींटी आगे बढ़ती है।

अनमोल और बहुमूल्य जीवन को,
इतनी सरलता से समझाती है।
सदा कर्मठ और गतिवान रहना,
सबको पाठ पढ़ाती है।
नन्ही चींटी दल-बल के साथ,
आगे बढ़ती जाती है।।

नन्हीं मुनिया

रे तू नन्हीं-सी मुनिया,
न जाने करती कब आराम,
है तू इतनी छोटी-सी,
पर, करती रहती दिनभर काम।।
सूर्योदय होते ही लग जाती,
फ़िर से अपने काम-काज,
तू तो है शक्ति का अपार भंडार।
कौन तुझे है राह दिखता,
कौन तुझे है ये बताता,
तिनका-तिनका जोड़-जोड़कर,
कैसे तू आशियाँ बनाती
क्या तू है कोई ज्ञानी,
जगत रचियता या गृह स्वामिनी,
जैसे ही तुझे आहट होती,
नील गगन का साथ हो लेती।
पलक झपकते पुनः आकर,
आशियाँ की खबर फिर लेती।
कितना अटूट तुम दोनों का साथ,
मधुर संबंध बिना खटास।
फिर है किसमें इतनी हिम्मत,
जो हिला पाए तेरा विश्वास,
घनघोर वर्षा और तेज़ हवा भी,
न तोड़ पाए तेरा अन्तर्मन।
रे नन्हीं-सी मुनिया,
न जाने कब करती तू विश्राम।
नवीन सूर्यआगमन के साथ,

नव जीवन का संचार हुआ,
तेरा आशियाँ भी आज,
भरा पूरा मदमस्त हुआ।
खुशियाँ फैली चारों ओर
नाच-गान ढोल मृदंग के संग,
रे नन्हीं सी मुनिया,
न जाने कब करती तू विश्राम।
देख अपना घर संसार,
देती सबको दुआएँ हज़ार,
प्रकृति के गोद में पले,
छोटे-बड़े पेड़ हज़ार,
न होता जो इनसब का साथ,
आशियाँ बनाना न होता आसान।
रे नन्हीं-सी मुनिया,
न जाने कब करती तू विश्राम।
कितना अनूठा और प्रेम भरा,
तेरा और प्रकृति का रिश्ता,
अनेकों शुभकामनाओं के साथ,
तिनकों से आशियाँ ये बना।
यही है राज़ तेरी ख़ुशहाली का,
जो न कोई तोड़ पाता है,
विचार विमर्श बैठकर तू,
उन्हीं शाखाओं पर करती है।
रे नन्हीं सी मुनिया,
न जाने कब करती तू विश्राम।।

पाती

प्रिय, लिख अपने मन की बात
एक पाती भेज देना .
मैं पढ़ उसे ही जान लूँगी
तेरे मन की बात।
कुछ अपनी लिखना,
कुछ मेरी लिखना,
पहली फगुआ-होरी लिखना।
लिखना कि तुम याद आई,
सांझ-सवेरे जब लाली छाई,
पढ़ इतना ही मैं जी लूँगी,
तुमको आँखों में भर लूँगी।
देखूँगी तेरी आँखों से,
प्यारे-प्यारे एहसासों से,
मेरा जिया तड़पा जाएगा।
भर पाती अपने पाँव की धूल,
मैं खुशबु से माँग भर लूँगी,
सूखे गुलाब के पत्तों को छू,
तुमको बाहों में भर लूँगी।
देख मुझ पर सखियाँ खिंचती,
आपस में हँसी-ठिठोरी करती।
वे जाती हाट-बाजार,
मैं बावरी गाउँ तेरी गान।
प्रिय, लिख अपने मन की बात
एक पाती भेज देना आज।

मज़बूत इरादे

मज़बूत इरादे हौसले बुलंद,
पथरीली सड़क का था सफ़र,
आशिर्वाद और दुआओं का साथ,
बाधाओं को करना था पार,
आसानी से कुछ हासिल न होता,
करना पड़ता थोड़ा जतन,
पर, सपने जब बन जाए जुनून,
हद पार करना जरूर।।
है साक्षी तेरी यात्रा की,
न जाने ही कितने साथी,
उन सबका तू कर अभिनंदन,
बढ़ते रहना अड़िग अचर।।
ज़िद थी तेरी उच्च चोटी–सी,
जिन पर चलना न था सरल,
आरामदायक सेज छोड़कर,
तूने चुना काँटो भरी सड़क,
नतमस्तक होता यह अम्बर,
देख सफलता की लहर।।
नहीं आसान ये विजयी झंडा,
करना पड़ता कठिन तपस्या,
कर त्याग, सुख और आराम,
हासिल किया अनमोल उपाधि नाम,
नूपुर से डॉक्टर नूपुर तू बन,
किया गौरवान्वित हर जन मन,
कर सपने साकार तू अपने,
आगे बढ़ते रहना है।।

हमारा ईशान

छोटी-सी कद काठी वाला,
ईशान हमारा, शेर निराला।

माँ की आँखों का तारा,
पापा का है राजदुलारा।
बातें उसकी समझ न आए,
न जाने क्या वो कहना चाहे।
मार्स, वीनस पूरे सोलर सिस्टम को,
लगता आज कहीं और बुलाए।

दिनभर कहता रहता वो पब-जी,
साथ ही सबकी वाट लगाए।
छोटी सी कद-काठी वाला,
ईशान हमारा शेर निराला।

देश-दुनिया की बातें करता,
गाड़ियों का उसे बड़ा है चस्का,
गूगल का वो चाचा है,
स्मार्ट फ़ोन से नाता है।

छोटी सी कद-काठी वाला,
ईशान हमारा शेर निराला।

खाने में डोसा है खाता,
पढ़ने को रायन वो जाता।
टीचर का, है वो फेवरेट,

हमारी तो शान है।

छोटी-सी कद काठी वाला,
ईशान हमारा शेर निराला।

हर काम खुद से करना चाहे,
पर, खाना खुद से न खा पाए।
जाने करता कितना बहाना।
ईशान हमारा शेर निराला।

सारे भाई-बहनों में छोटा,
पर, देता सबको ज्ञान है।
छोटी सी कद-काठी वाला,
ईशान हमारा शेर निराला।।

ईशान के कहने पर

माँ के अन्तर्मन की व्यथा

एक माँ के अन्तर्मन की व्यथा,
नहीं, कभी कोई जान पाएगा।

बिस्तर पर साथ वो बच्चे के,
पल-पल साँसे गिनती है।
चेहरे पर एक मुस्कान आशा की,
शिकन की कोई पहचान नहीं है।

एक माँ के अन्तर्मन की व्यथा,
नहीं, कभी कोई जान पाएगा।
जैसे ही कोई हरकत होती,
उम्मीद की किरण-सी जगती।
हाथ हिला बगलें झाँकती,
सबको खुशी की बात बताती।

एक माँ के अन्तर्मन की व्यथा,
नहीं कभी कोई जान पाएगा।

मन को ज़रा मज़बूत कर अपना,
बच्चे को सीने से चिपकाती,
आँख खुलने का रहता इंतजार,
बार-बार मदद को कहती।
अक्षर का कुछ ज्ञान नहीं है,
कागज़-पत्तर से न कोई नाता,
न जाने कैसे उस पगली ने,
मशीनों को सीखा था पढ़ना।

एक माँ के अन्तर्मन की व्यथा,
नहीं, कभी कोई जान पाएगा ।

सूरज की पहली किरण के साथ,
उम्मीद और आशा भी जगती ।
बच्चे को पुन: सीने से लगा,
उसकी धड़कनों को सुनती ।
जल्द ही वो दिन भी आएगा,
बिस्तर से मैदान का सफर,
बाबू खुद ही कर पाएगा ।
फिर, बालों को सहलाकर उसके,
सोच – सोच मन हर्षित वो करती ।

एक माँ के अन्तर्मन की व्यथा,
नहीं, कभी कोई जान पाएगा ।

उसकी आँखों का तेज़ है ऐसा,
औरों को भी उम्मीद जागता ।
उसके चेहरे की वो शांती,
सबके हौसले को है बढ़ाती ।
जल्द ही वो दिन आएगा जब,
बाबू, बड़ा अफ़सर बन जाएगा ।

एक माँ के अन्तर्मन की व्यथा,
नहीं, कभी कोई जान पाएगा ।

प्यार और ममता की मूरत,
त्याग और शांति की सूरत,

उस माँ की तपस्या के आगे,
आसमान नतमस्तक हो जाएगा।

बिस्तर से मैदान का सफ़र,
बाबू जल्द ही कर पाएगा।

एक माँ के अन्तर्मन की व्यथा,
नहीं, कभी कोई जान पाएगा।।

माँ

माँ तू जननी जन्मदायनी,

तू ही छाँव शीतलता प्रदायनी,

तेरे चरण छू मिली सफलता,

तू ही मन–मंदिर प्रवासिनी।।

धरती-सा विशाल हृदय ले,

तन–मन में ज्योति भरे,

न कोई शंका न कोई भेद,

जन–जन की झोली भरे।।

गर्म तपती उजड़ी सड़क,

आँचल तूने अपना फैलाया,

हाथ पसार छाँव प्रदान कर,

कठिन रास्ता पार लगाया।।

अँधियारे में रोशनी प्रदान कर,

जीवन को प्रकाशमय कर,

उलझनों को सुलझा कर,

पथ से काँटों को निकालकर,

माँ तू नवजीवन नवयुग की साक्षी।।

कोई न जाने तेरी पीड़ा,

देखा हमेशा हँसता चेहरा,

तू है देवी वंदनीय,

तेरी आँचल तले,

अनमोल जीवन ये बना रहे,

ऐसी तेरी कामना माँ।

माँ तू जननी जीवनदायनी,

सत-सत बार जग तुझे नमन करे।।

मेरी दादी

ऐसी थी मेरी दादी,
जिसे रहता बस दूसरों का ध्यान।

रंग सांवला, सुडौल शरीर,
कद- काठी से थी सामान्य।
देखा मैंने उसे सदा ही,
सफ़ेद रंग की सादगी में।
स्वयं की परवाह किए बिना,
दूसरों को तराशा करती थी।

ऐसी थी मेरी दादी,
जिसे रहता बस दूसरों का ध्यान।

दिन-भर घर के काम काज में,
खुद का धयान न रख पाती थी,
बिखरे बाल, खुद थकी हुई-सी,
दूसरों में ताज़गी भरती थी।

ऐसी थी मेरी दादी,
जिसे रहता बस दूसरों का ध्यान।
खुद की खुशियाँ देखी सदा,
दूसरों की आँखों से।
छोड़-छाड़ बाल बनाना,
तरकारी लाने भागती बाज़ार।

ऐसी थी मेरी दादी,
जिसे रहता बस दूसरों का ध्यान।

हर दिन का रहता एक सवाल,
खाने में क्या बनेगा आज?
नेनुआ झोर माड़ डालकर,
दोपहर के भोजन में आज।

ऐसी थी मेरी दादी,
जिसे रहता बस दूसरों का ध्यान।
संध्या होते ही गूँजने लगती,
घर में घंटी, मंत्र और शंख की आवाज़।
न चाहते हुए भी सबको,
सीस झुकाए खड़े भगवान के द्वार।

ऐसी थी मेरी दादी,
जिसे रहता बस दूसरों का ध्यान।
जब भी उसकी याद सताती,
मन में द्वंद्व-सी मच जाती है,
उसके कपड़ों की सुगंधित खुशबू, पुनः
मन को शीतल स्पर्श कर जाती है।
हवा के हर एक झोंके के साथ,
उसके आने का अहसाह मुझे हो जाता है,
उसके ममता के आंचल तले,
बचपन निहाल हो जाता है।

ऐसी थी मेरी दादी,
जिसे रहता बस दूसरों का ध्यान।

मेरे नानाजी

मैं और मेरे नानाजी,
हम दोनों का था अनोखा साथ।

मुझे पुकारते थे वे मइयां,
साथ में देते दो-चार रुपइया।
एक थाल बैठ हम खाना खाते,
साथ ही अपना प्रेम बढ़ाते।

मैं और मेरे नानाजी,
हम दोनों का था अनोखा साथ।

विचारों से धनी थे वे,
लकीरों से परे थे वे।
गरीबों से वे करते प्यार,
बच्चों के थे सुपर स्टार।

मैं और मेरे नानाजी,
हम दोनों का था अनोखा साथ।

हर शाम घर पर बैठकी लगती,
चाय की चुस्कियाँ, फिर चलती।
देश-विदेश की चर्चा पुरज़ोर,
मानो गिरा दी किसी की सरकार।

मैं और मेरे नानाजी,
हम दोनों का था अनोखा साथ।

जैसे ही चर्चा का माहौल गरमाता,
अंदर से किसी का न्योता आता।
आता हूँ भाई आता हूँ,
कहकर बात को गोल घुमाते।
चर्चा में फिर से लग जाते।

मैं और मेरे नानाजी,
हम दोनों का था अनोखा साथ।

एक हाथ में खुरपी होती,
दूसरे में बच्चे दो-चार।
हर थोड़ी देर संदेश भिजवाते,
चाय भिजवा दो मइयां के हाथ।
नानी की ऊँची आवाज़ वे सुन कहते,
मैंने कहाँ मँगवाई चाय,
पड़ोस वाले शर्माजी आएँ हैं,
चाय भिजवा दो मइयां हाथ।

मैं और मेरे नानाजी,
हम दोनों का था अनोखा साथ।

शर्माजी ज़रा सोच में पड़ जाते,
और कहते लेकर ढेकार,
गैस जरा ज़ोर चढ़ी है,
आज चाय रहने दो यार।

मैं और मेरे नानाजी,
हम दोनों का था अनोखा साथ।

मुझसे पूछते थे हर दिन,
कितने बजे तुम्हें क्लास को जाना,
और कितने बजे है घर को आना।
फिर थोड़ा निश्चिंत हो कहते,
मैं भी साथ चलूँगा आज।
थोड़ा काम चौक पर आज।

मैं और मेरे नानाजी,
हम दोनों का था अनोखा साथ।

पूरे दिन की चर्चा होती,
एक मील की दूरी पे,
हाथ हिला राहगीरों से कहते,
क्या है आपका हाल समाचार।
चेहरे से ही भाँप वे लेते,
बच्चे के मन की बात।

मैं और मेरे नानाजी,
हम दोनों का था अनोखा साथ।।

आसमान से एक चमकीला तारा,
देता रहता सबको आशीर्वाद,
मैं और मेरे नानाजी,
कितना अनोखा था हमारा साथ.....

ऐसी है मेरी माँ

जो न सुबह देखे न शाम देखे,
न दिन देखे न रात देखे,
देख अपने बच्चों का मुँह ,
ख़ुद को समय से बाँध ले,
ऐसी है मेरी माँ।

जो अपना प्यार खाने में भर दे,
सबको खाता देख अपना मन भर ले,
पसन्द न आए तो कुछ और पका दे,
ख़ुद रूखी–सुखी से अपना काम चला ले,
ऐसी है मेरी माँ।

हर आहट का उसको रहता ध्यान,
न करें वो ज़रा विश्राम,
सामने के बरामदे से लेकर पीछे का मकान,
फूलों की क्यारियों से लेकर पेड़ों की कतार,
करता रहता उसका इंतज़ार,

ऐसी है मेरी माँ।
छत पर बैठी चिड़ियों को भी,
करनी होती उससे बात,
मुँडेर पर बैठ वे करते रहते,
माँ से मिलने का इंतज़ार,
सिलसिला यूँ ही ये रोज़ का रहता,
गौरेया का मेला–सा रहता,
बैठ सारे सुख–दुःख बतियाते,

फिर अपने-अपने घर को जाते,
ऐसी है मेरी माँ।

जितना भी गुस्सा हम उसपर निकाले,
वो प्यार से हमें सुनती जाए,
देख उसका शांत-सा चेहरा,
गलती ख़ुद ही समझ जाए अपना,
ऐसी है मेरी माँ।

न कभी उसे ऊँची आवाज़ में बोलते देखा,
न कभी किसी पर चिल्लाते देखा,
काश कि मैं उसका ज़रा-सा अंश ले पाऊँ,
काश कि मैं उसकी जैसी कहलाऊँ।
ऐसी है मेरी माँ।

मेहनत

मेहनत और पसीना बहाने वालों की,
न कभी हार है।

कठिन से कठिनतम परिस्थितियों में,
विषम से विषमतम स्थितियों में,
आधे-अधूरे कपड़ों का साथ,
लिए हाथ में बच्चों का हाथ,
काम की तलाश है।

मेहनत और पसीना बहाने वालों की,
न कभी हार है।

गर्मी की बीच दुपहरी,
भारी मन और बेचैनी,
न पेड़ है न छाँव है।
नंगे पाँव सड़क पर रहकर,
दो वक्त की रोटी का सवाल है।

मेहनत और पसीना बहाने वालों की,
न कभी हार है।

हाथ में औज़ार हथौड़ा,
पत्थर का ही साथ है,
नहीं किसी बात की चिंता,
न कोई कराह है।

मेहनत और पसीना बहाने वालों की,
न कभी हार है।

माँ का कुछ पता नहीं,
बाप का ही साथ है,
हर थोड़ी देर में जाकर,
पूछता बच्चों का हाल-चाल है।
न जाने कैसा घर-संसार,
विधाता, तेरा कमाल है।

मेहनत और पसीना बहाने वालों की,
न कभी हार है।

भविष्य का पता नहीं,
वर्तमान का ये हाल है।
न जाने किस घड़ी में उसका,
लिखा गया भाग्य है।

मेहनत और पसीना बहाने वालों की,
न कभी हार है।

रे जीवन तू कहाँ ले जाए

भूत को छोड़े
भविष्य को संवारे
वर्तमान समक्ष हथियार डाले
जो पास उसे समझ न पाए
अदृश्य के पीछे दौड़े–भागे
रे जीवन तू कहाँ ले जाए…

अनसुलझी पहेली बड़ी सहज
अंधियारा मन ये जान न पाए
पल भर की मोह माया
अंत काल क्या ले जाए…

गिरता पत्ता टूटती डाली
बहती नदियाँ कहती जाए
आदि–अंत श्रृष्टी का नियम
जीवन–मरण सब एक मेला
जीव एक मिट्टी का धेला

मत हो उदास

पलाश का प्यार

सलीला की धार

गिरी का संस्कार

पतझड़ से बसंत बहार

रे मन तू मत हो उदास।।

विहग कलरव कुसुम बहार

कर रमणीय साजे हार

मुख कमला पद सुमन समान

सखा संग होरी

विटप भुजा समान

रे मन तू मत हो उदास।।

वो नदी

ठहरी हुई वो नदी
जो बेरोक-टोक बह न सकी
अपने ही पत्थरों में
फँस कर बँध-सी गई
मतवाली हवा उसे छू गई
साथ कुछ दूर ले गई
कान में कुछ घोल गई
हँसी सूखे पत्तों-सी झड़ी
पवन भी रो पड़ी
उजियारा था साथ आया
हरियाली ने मलहम लगाया
पवन ने पत्थरों को बहाने की
कोशिश पर नाकाम रही
जरुरत थे जो खिल रहे
चाह से थे जो मिल रहे
पल दो पल कभी शीर्ष तो
कभी पैरों तले थे रुंध रहे
तपस्विनी शांत-स्वरूपा
अटिग-अटल विचलित न रूपा
पवित्र मन ध्यान धरे
अग्निपान प्रतिदिन करे।

सपनों का भारत

कैसी हवा ये है चली,
राहगीरों की पंक्ति सड़कों पर दिखी।
बदहवास, है थकान लिए चेहरों पर,
अनजाने से ख़्वाब लिए ,
चलना है मीलों बस चलना है।
ठोस इरादे साथ लिए।
कभी छोड़ा था जन्मभूमि ,
कर्मभूमि की राह लिए,
न सोचा कभी ऐसी विकट परिस्थिति भी आएगी ,
अपने ही घर की दूरी क़भी ख़त्म न हो पाएगी।
भूखे-प्यासे हाल बेहाल,
गोद में बच्चे माथे पर भार,
बस चले जा रहे चले जा रहे,
कदम है कि थम नहीं रहे।
न एहसास उसे पेट की भूख का,
न गम कोई पैरों पर पड़े छालों का,
न कड़ी धूप का न आँधी-तूफान का,
बस चले जा रहे चले जा रहे।
किसी ने बढ़ाया था मदद का हाथ,
बीच मझधार छोड़ गया शैतान।
फ़िर से हत्या एक विश्वास की हुई,
फ़िर से ग़रीबी को छला गया।
भरोसा और इंसानियत को ताक पर रखा गया।
"ग़रीबी एक अभिशाप" साबित हुआ,
जहाँ से चला था इंसान,
आज वहीं आ खड़ा हुआ।

गरीबों के लिए कुछ नहीं है बदला,
रोटी, कपड़ा और मकान तक नहीं मिला।
भारत "आत्मनिर्भर" कैसे बन पाएगा?
जब मज़दूरों का खून यूँ ही बह जाएगा,
सपनों का भारत आज सड़क पर है खड़ा।

सब कुछ जलकर राख हो गया

था अरमानों से सजाया मैंने
मकां को आशियाँ बनाया मैंने
हर एक कोना संवारा था
दिल से घरौंदा बनाया था
सबकुछ जलकर राख हो गया।

थे बच्चों के खिलौने वहाँ
किताबें मेज पर सहेज रखी थीं
परीक्षा की समय-सारिणी लगी थी
नई कक्षा में जाने की तैयारी जोरों पर थी
सब कुछ जलकर राख हो गया।

बिटिया ने अपनी गुड़िया को उठाया
काले-गहरे रंगों में पाया
बचे राख को हाथ में पाकर
फूट फूटकर दिल दहलाया
आँसू थे कि थमते नहीं
सब कुछ जलकर राख हो गया।

अगल-बगल की खोज खबर ली
कुछ का तो पता नहीं
खोजबीन में सभी जुटे
न जाने कहाँ वे लापता थे
सब कुछ जलकर राख हो गया।

कल तक चहल-पहल रहती थी
चाय के साथ चर्चा भी होती थी
बच्चों के खेलकूद के शोर से
मोहल्ला रौशन-भरा रहता था
आज मातम पसरी हुई है
सब कुछ जलकर राख हो गया।

शादी की तैयारियाँ ज़ोरों पर थी
नए जोड़े में दुल्हन ख़ूब सजी थी
शबा कितनी चहक रही थी
जा जाकर सबसे पूछ रही थी
खूबसूरत लगूँगी न इसमें?
सब कुछ जलकर राख हो गया।

न घर न आशियाँ न अब वो मोहल्ला है
लोग भी न जाने कहाँ चले गए
चाय वाले मसले ख़तम हो गए।
सुलगती राख यादें समेटूँ कैसे
सब कुछ जलकर राख हो गया।

ईद की सेवईयाँ अब की फ़ीकी है
रमज़ान के नमाज़ बेरौनक
ईदी न देने वाले बचे
न लेने वालों में बचे वे लोग
सब कुछ जलकर राख हो गया।

जहाँ कल तक किलकारियाँ थीं
आज मातम की आवाज़

कैसा ये मंज़र तो देखो
हरे घाव कभी भर पाएँगे?
सब कुछ जलकर राख हो गया।

एक साक्षात्कार

शब्दों के साथ एक साक्षात्कार,
तपती धरती पे जैसे बूँदों की बौछार,
पतझड़ के बाद बसंत की बहार ।
नीले आसमां पे चाँद-तारों की बारात,
सूखे रेगिस्तान में ठंडे पानी का साथ,
घने मेघों को धरा चूमने का इंतज़ार,
शब्दों के साथ एक साक्षात्कार ।
पुराने साथी से मिलना एक ज़माने के बाद,
पुरानी गलियों में घूमना गीली यादों के साथ,
बंद कमरों के भीतर से किसी के चहकने की आवाज़,
धुँधली होती यादों से एक बार मिलने की आस,
शब्दों के साथ एक साक्षात्कार ।
कलकल धारा के मध्य पर्वत का प्यार,
ऊष्मता पर हुए शीतलता की बरसात,
महकते महुए और साथी का हाथ,
झरने के किनारे दो हंसों का संसार,
बेचैन भँवरों को फूलों के खिलने का इंतज़ार,
सूखे पत्तों को जी लेने का आभास,
अठखेलियाँ करतीं मछलियाँ,
सुकून का एहसास,
शब्दों के साथ एक साक्षात्कार ।।

आगे-आगे तुम चलोगे

तुम फूल उस बग़िया के जाने जाते
जिसके रखवाले हैं कई माली
एक मन जो हर मन मिल जाए
ऐसा बचपन हर कोई पाए।
तुम फूल बन बग़िया महकाओ
गुँथों तो माला बन जाओ
ग़ैरों के भी मन मिल जाओ
ऐसा बचपन हर कोई पाए।
तुम्हारे नए अविष्कार पर
मन गौरवांवित हो जाता
हमारा बच्चा, हमारा बच्चा
ठोक छती सबको बताता।
तुम नदिया की धारा-सा बहते
निश्छल, निर्भय, निर्मल रहते
बहा कंकड़ साथ ले जाते
लक्ष्य भेद विजयी कहलाते।
यह भी एक घर तुम्हारा
हम तुमसे ही जाने जाते
तुम पर अपना अधिकार जमाते
जो कभी भूल हो जाए तो
मिल बैठ साथ सुलझाते
जयगाथा तुम्हारी हम गाकर सुनाते।
आगे-आगे तुम चलते हो
पीछे हमारी परछई
जो आगे बहुत चले भी गए तो
खड़े हमें तुम वहीं पाओ।

स्वर्ण अक्षरों में नाम तुम्हारा
दिलों में हमारे बसे रहेंगे
पहचान बन तुम आगे चलोगे
पीछे खड़े हम वहीं मिलेंगे।

आज फिर मैं तुझसे रूठी हूँ

आज फिर मैं तुझसे रूठी हूँ,

तू पास आए

आस पार के बैठी हूँ

मन में सोचती, विचारती

पास बुलाकर बात करती

आँखों से तुम बोल देना

अधरों में घोल देना

जो बोलोगे वो समझूँगी

कुछ आँखो से पढ़ लुँगी।

साँसें बढ़ती सुन आहट

थम–सी जाती तुझे न पाकर।

देखो कजरी ढूँढ़ रही है

जल बिन मछली–सी तड़प रही है

तू पास आए

आस, पार के बैठी हूँ।

सावन के झूले पेड़ो से लटके

हरी चूड़ियों की छन–छन कानों में बजते

मोरनी ने घर बसाया है,

तरु पर बैठ मुझे तरसाया है

मेरी चूड़ियों की खनक अधूरी है

पपीहे से कोसों दूरी है।

आज फिर मैं तुझसे रूठी हूँ,

पास आए, आस पार के बैठी हूँ।

जो तुम थोड़ा चल लोगे

तो थोड़ा मैं भी चल लूँगी

जो बस तुम यूँ बैठ गए

तुझ तक कैसे पहचुँगी
हाथ जो तेरा पास होता
हाथ तेरा थामे ही रहती
लहरों के बीच खड़े हम रहते
फिर कैसे कोई तोड़ देते
आज फिर मैं तुझसे रुठी हूँ।
आस पार के बैठी हूँ।

कभी-कभी

कभी-कभी थोड़ा बैठ लेना ज़रूरी है...
थोड़ा थम लेना ज़रूरी है...
ज़रूरी है उन लम्हों को याद करना,
जो लम्हें हमें बाँध लेते हैं।
कुएँ-से मन के एक कोने में,
थोड़ी रोशनी भर देते हैं।
ये लम्हें
जो न जाँचते, न नापते
हर हाल में ढल जाते।
सह लेते, चल लेते
डगों पर खुद बिख़र लेते।
कभी-कभी थोड़ा बैठ लेना ज़रूरी है...
थोड़ा थम लेना ज़रूरी है...
बैठकर इत्मीनान से
पल भर उन्हें जी लूँ
आँखों को बिना खोले
यादों से बोलूँ
ऐसे ही याद करते रहना
भूले से ही मिलते रहना।
कभी-कभी थोड़ा बैठ लेना ज़रूरी है...
थोड़ा थम लेना ज़रूरी है

तेरी मजबूती

तेरी मजबूती
आँसुओं की जुबानी थी
एक धूप के इंतज़ार में
भींगी आँचल तार–तार
न गम छुपाना आया,
न ही कभी जताया
तेरी मजबूती बेमिसाल!
संभलते–संभालते थकते हाथ
उम्मीद से भरी धुँधली आँख
सन्नाटे और मौन में समाती आस
पास होकर भी समझ न सके
दिल किश्तों में टूट से गए
बिखरते–बिखरते, बिखरते गए और
हम आँसुओं में मोती ढूँढ़ते रहे
तेरी मजबूती बेमिसाल
कल, जहाँ से थे चले
कुछ ही पलों में वहीं खड़े मिले।
वहाँ तक जाना न था आसान
खुद को वहीं पाना
ज़ख्म हरा कर देने समान
तेरी मजबूती बेमिसाल!

मृगमरीचिका और मैं हिरन

मुट्ठी भरी रेत-सी खुशियाँ,
मृगमरीचिका और मैं हिरन।
पास जाकर दूर हो जाऊँ
पिपासा मन प्यासी रह जाऊँ।
पीछे खड़ी कभी न आगे आए,
भेद कभी क्यों?
भेद न पाए
मुट्ठी भरी रेत-सी खुशियाँ,
मृगमरीचिका और मैं हिरन।
मन अँधेरा उजियाले की आस लगाए ,
भटका मन चैन न पाए,
प्रत्यक्ष हो न लगी लगाए,
पसरा सन्नाटा शोर मचाए ।
मुट्ठी भरी रेत-सी खुशियाँ,
मृगमरीचिका और मैं हिरन।
दो पल का ये आना-जाना
जाना-आना, राह न जाना।
चकाचौंध पर अँधियारा गाए ।
राग भैरव का दोष भारी,
मुट्ठी भरी रेत-सी खुशियाँ,
मृगमरीचिका और मैं हिरन।

सपनों के लिए जीते हैं हम
सपनों के लिए जीते हैं हम
गीले सपने सीते हैं हम।
थोड़ा थकते पर रुकते नहीं,

खाते ठोकर गिरते नहीं ,
बहाते पसीने न छोड़ते आस।

सपनों के लिए जीते हैं हम

गीले सपने सीते हैं हम।
हठ हमने पाली है।
पीछे हटने की न मानी है।
देती चुनौती हर एक मील के पास,
क्या हुआ जो थोड़ा पीछे रह गए यार।
दौड़ लगाया दृढ़विश्वास के साथ,
निष्ठा और आत्मविश्वास के साथ।
मीलों तय, मीलों अभी जाना है,
सपनों को जीत घर आना है।

सपनों के लिए जीते हैं हम,
गीले सपने सीते हैं हम।

सब कुछ बदला-बदला है

उन सँकरी पगडंडियों पर,
खुशियाँ दौड़ा करती थी,
पेड़ों से लटके झूलों पर
किलकारियाँ झूला करती थीं।
घाटे खेल का मैदान होती,
नदी माँ के समान होती।
हम नहाते, दौड़ लगाते
दौड़ लगाकर पेड़ों पर चढ
आम तोड़ ले आते।
आज सब कुछ बदला-बदला है।
चौड़ी चमचमाती सड़कों पर,
चिंता दौड़ा करती है।
आरामदेह कुर्सियों पर,
तनाव झूला करती है।
आगे बढ़ने का खेल ऐसा,
समय से आगे बढ़ते जाते हैं।
खुद की ली हुई चिंता में,
खुद ही घुलते जाते हैं।
कहीं तो कोई विराम होगा,
जहाँ पर चैन-आराम होगा।
सोच अपनी ऐसी है,
पर सोच पर सफलता भारी है।
हर तरफ़ चकाचौंध का बाज़ार है,
फिर भी गुमता नाम है।
होड़ ये आगे बढ़ने की,
पर मन बेचैन और लाचार है।

हर कोई यहाँ अकेला है,
मेले में न कोई तेरा है।
आज, सब कुछ बदला-बदला है।

अभी बाक़ी है

जिस राह पर हम साथ हैं चले,
मीलों चलना अभी बाक़ी है।

जो तुम रुको तो मैं चल लूँ
जो मैं रुकूँ तो तुम चल लेना
हाथ पकड़ साथ चलना अभी बाक़ी है।

बारिश के वे गड्ढे, साथ थे फाँदे ,
उनका भरना अभी बाक़ी है।
टूटते तारों संग जो ख़्वाब बुने
ख़्वाबों का हक़ीक़त में बदलना अभी बाक़ी है।

तुम धूप में चलो तो मैं छाँव बन जाऊँ
मेरे धूप में तुम छाँव बने रहना,
साथ-साथ छाँव में चलना अभी बाक़ी है।

बग़िया में जो फूल हैं खिले
उनका महकना अभी बाक़ी है।
उबड़-खाबड़ राहें, गिरकर संभलना,
हँसना-रोना, रोकर हँसना,
मीठी-मीठी तकरार और प्यार,
मंज़िल तक पहुँचना बाक़ी है।

जिस राह पर हम साथ हैं चले,
मीलों चलना अभी बाक़ी है।

एक टीचर के अंतर्मन की व्यथा

बात कुछ तीन महीने पहले की है,

लॉकडाउन वाली क्लास पढ़ाने की है।

यूँ तो पढ़ाने का अनुभव पहले से था,

पर लैपटॉप की सामने बैठकर कभी पढ़ाया भी न था।

बहुत-सी तैयारियों से गुज़रना पड़ा,

एक बार तो बचेंद्री पाल-सा फील आने लगा।

लिंक जेनरेट करना एवरेस्ट पर चढ़ने-सा लगा।

बार-बार गलतियाँ,

तब जाकर सफलता हाथ लगी,

चुनौती की ये तो बस एक शुरुआत थी।

बिना किताबों वाली क्लास में पढ़ाने की जो बात थी।

उसका भी उपाय निकाला गया,

बच्चों के लिए नित नए पाठ बनाया जाने लगा।

कभी वीडियो तो कभी ऑडियो,

का प्रयोग समझ आने लगे,

और अब दिन का ज्यादा समय,

स्टडी मटीरियल और

शाम कुछ नया सोचने में गुज़रने लगा।

सारी तैयारियों के बाद वो दिन भी आया ,

जब ऑनलाइन क्लास में पढ़ाना,

रिंग में उतरने के समान ही लगा।

हाथों की ठंडक और चेहरे के पसीने को मेरी मुस्कान ने छुपाया ,

और उसी समय बच्चों ने ‘नमस्ते मैम’ कहकर बुलाया।

छोटे-से डिब्बे से बहुत सारी आवाज़ें आईं,

समझ नहीं आया कि क्लास कंट्रोल कैसे किया जाए मेरे भाई ...

टीचर परेशान बच्चे हैरान,

कभी टीचर लॉगआउट तो कभी बच्चे ऑलआउट।

खेल ये कुछ दिनों तक ऐसा ही चला,

स्क्रीन प्रेज़ेंट करना सिर का दर्द-सा लगा।

वीडियो दिखाओ तो आवाज़ चली जाए,

आवाज़ आए तो वीडियो न देख पाए।

धीरे-धीरे करके सब कंट्रोल करना सीखा,

पर, कॉन्फिडेंस टीचर का बच्चों को बख़ूबी दिखा।

वर्तमान का रिसर्च कुछ यूँ कह रहा,

बच्चों को क्लास बंक करने में मज़ा आ रहा।

लॉग-इन करके हो जाते गायब,

पूछे तो कहते 'इंटरनेट की प्रॉब्लम'

कैमरा ऑन करो तो कहते 'काम नहीं करता',

माइक्रोफोन भी उनके हिसाब से ही चलता।

स्क्रीन प्रेज़ेंट करने का तरीका भी वही समझाते,

प्रश्न पूछे तो लॉग-आउट हो जाते,

मेरा अनुभव यही है बताता,

ऑन लाइन क्लास में बच्चों को मज़ा बड़ा आता।

सीखने और सीखाने का अलग है आनंद,

जब मर्ज़ी क्लास के अन्दर और जब मर्ज़ी है बाहर।

दूरदर्शिता मेरी मुझे ये बताती,

स्कूल जाना अब बच्चों को लगेगा भारी।

आवारा दोस्त

आवारा दोस्त ही खास होते हैं
सोचा कि इन पन्नों में ही सही ,
उन आवारा दोस्तों को याद कर लूँ,
जो मेरे उल-फ़िज़ूल बातों पर भी ,
वाह-वाह कर मेरा जोश बढ़ाया करते थे।
टीचर की मार से बचाने के लिए ,
होमवर्क साझा करते थे।
करते थे अनदेखा गलतियों को
दूसरों को परेशान करने में साथ दिया करते थे।
चोरी-छुपे दूसरों की टिफ़िन मिलकर चट कर जाते जब।
टीचर की डाँट के पहले ही उगल आते सब।
घर तक बात जो पहुँच जाएगी ,
पिटाई से पहले वाली भरपाई भी।
याद आती हैं वो सारी बातें अब,
हर अच्छे-बुरे वक्त में साथ निभाते थे,
क़भी एक-दूजे से जुदा न हो पाते थे।
याद आती है पिछले बेंच पर बैठकर
किस्से-कहानियों का बुनना,
फ़िल्मी कलियों को छुपाकर हिंदी के पीरियड में पढ़ना,
सुपर कमांडो ध्रुव और नागराज पर बोली का लगना,
नहीं मिल पाने पर प्रलोभन का गढ़ना।
याद आती हैं किसी खास टिफ़िन डिब्बे पर,
सबकी आँख का रहना,
याद आती हैं तेज़ बारिश में,
भींगते-भींगते घर की ओर बढ़ना।
याद आते हैं वो दोस्त,

जो लड़ने के बाद कहते थे "मेरे भाई से बोलूँगी"
और अगले दिन फिर से उसी बेंच पर "आज तो ज़रूर भाई को बोलूँगी"।
सोचा कि इन पन्नों में ही सही,
उन आवारा दोस्तों को याद कर लूँ।
यादों में ही सही सुनहरे पलों को बीन लूँ।

एक पिटारा

एक पिटारा मेरे पास,
यादों और बातों की भरमार।
सबसे प्रिय खज़ाना मेरा,
छुप-छुपाकर भरते जाना।
टटोल-टटोल कर देख लेती हूँ,
दिल के पास वाले को रख देती हूँ।
जो कोई पास नहीं होता,
खोलकर उनसे मिल लेती हूँ।
एक पिटारा मेरे पास,
यादों और बातों की भरमार।
थोड़ी कभी जो जंग लग जाए तो,
रगड़-घिस साफ़ कर लेती हूँ।
जंग वाले से अगर खून बह जाए तो,
ठंडे पानी से धो लेती हूँ।
नहीं रह पाती उसके बिना,
सिरहाने किनारे ताले में जडा,
चाबी उसकी सिर्फ मैं जानूँ,
सबकी आँखों से उसे बचा लूँ।
एक पिटारा मेरे पास,
यादों और बातों की भरमार।
रखा है सहेज किसी खास के लिए,
अनमोल मोतियों को गागर में भर के,
जो मैं कल ना भी मिलूँ,
तो साथ निभाए एक दोस्त बन के।
एक पिटारा मेरे पास।

हर शाम

हर शाम कुछ कहती है,
कहती है कि बस दिन ढल रहा है,
एक नई सुबह आएगी,
नई शुरुआत लाएगी,
जो अधूरे सपने काफ़ी हैं,
वो पूरे करने बाकी हैं,
दृढ़ संकल्प तुम्हारा है,
कर्म के आगे समय भी हारा है।
पेड़ों पर कलरव करते पंक्षियों को देख,
एक तराना गाते बिना कलेश,
अलग-अलग दिशा से वापस आकर,
एक टहनी बैठ मधुर गीत हैं गाते।
जश्न ये उनके मिलन का है,
सुबह बिछड़ने से पहले का है।
राग उनका ये कहता है,
अंतहीन क्षितिज की सीमा से मिलना है।
आकार या कद की परवाह किसे,
हौसले बुलन्द व इरादे नेक,
तू अपने धड़कन को देख,
छाती फुलाए सीमा को भेद,
चुनौतियाँ और प्रतिकूलता देख,
जीत हासिल कर फुनगी पर बैठ,
राग वही दोहराते हैं,
नई शुरुआत कर जश्न मनाते हैं।

एक बन्द दरवाज़ा

अपना दिल टटोल कर देखो,

बन्द दरवाज़े में झाँक कर देखो,

सिसकते-सिसकते सुबह है होती,

एक सवाल का जवाब खोजती,

क्या थोड़ी-सी जगह है दिल के कमरे में!

मन बेचैन तड़प है उठता,

हर घड़ी यही है कहता रहता,

क्या थोड़ी-सी जगह है दिल के कमरे में!

इंतज़ार का पल मीठा है सुना,

पर मेरे नसीब खट्टा भी न पड़ा,

सीने की जलन और है बढ़ाया,

दर्द जो बाहर झाँक न पाया,

नासूर बन टीस है बढ़ाया,

सोच के देखो...

क्या थोड़ी-सी जगह है दिल के कमरे में!

अरमान इतने बड़े न पालें,

सीमित दायरे में पैर पसारे,

आँखों को एक झलक की तड़प,

दिन-रात बस है एक सनक,

साँसों की पकड़,

कम होती न कसक,

एक सवाल का जवाब खोजती,

क्या थोड़ी-सी जगह है दिल के कमरे में!

क्या पता था ये दौर भी आएगा...

आस टूटता-सा नज़र आएगा,

जो तड़प इधर है होती,

क्या ये तड़प वो देख पाएगा!
बुझते ख़्वाबों को दिया दिखाती,
गर्मी में गीले सपनों को सुखाती,
डूबती-उभरती सोचा करती,
मंझधार की नैया किनारे करती,
एक सवाल का जवाब है खोजती,
क्या थोड़ी-सी जगह है दिल के कमरे में!

कारे बदरा

कारे-कारे बदरा जा,
बाबुल के घर अँगना जा,
सन्देशा मेरा दे कर आ,
अँगना का हाल-चाल मुझे बताना।
तू चले तो साथ चलें वो बीती यादें,
भूली-बिसरी सारी बातें,
तू भी कर ले उनसे दो-चार मुलाकातें।
प्यार-दुलार से भरी वो रातें,
अम्मा-बाबू संग बिताई बातें।
बरस अँगना उन्हें मेरी याद दिलाना,
मन की बातें उन्हें बताना,
बाबुल से कहना,
जी नहीं लगता,
अम्मा तेरी याद सताए।

कारे-कारे बदरा जा,
सखियों से भरे बगीचे जा,
पेड़ों पर पड़े झूले देख आ।
सखियों संग हम जहाँ झूला झूले,
अल्हड़पन्ती का रस मन में घोले।
किस्से-कहानियों से जीवन थी सजती,
घर-अँगना फूलों-सी खिलती,
अब, अपने-अपने नगर वो होंगी,
बदरा से बातें करतीं होंगी।
घुमड़-घुमड़ तू क्यों न बरसे?
मन की उदासी अँगना देखन तरसे,

राहत न मिलता जी को मेरा,
अँखियन बिन पानी ही बरसा,
बदरा बाबुल घर-अँगना जा,
आँचल अपना सन्देशा भर ला,
प्यार से भरी बूँदों को बरसा,
समझ मैं अम्मा का प्यार लूँगी,
बाबू की दुलार समझूँगी।
कारे-कारे बदरा जा,
मेरा जी न तरसा।

होती है अक्सर उनसे बात

होती है अक्सर उनसे बात,
कभी छंदों में तो कभी कविताओं में,
कभी दोहों में तो कभी गीतों में,
देख सामने उन्हें सन्न रह जाती,
सरिता किनारे बैठ मैं सोचूँ,
क्या है माज़रा हकीक़त में।

होती है अक्सर उनसे बात,
कभी चूड़ियों की छनछनाहट में,
तो कभी पायलिया की छमछमाहट में,
कभी बिंदिया के इशारों में,
देख सामने उन्हें सन्न रह जाती,
सरिता किनारे बैठ मैं सोचूँ,
क्या है माज़रा हकीक़त में।

होती है अक्सर उनसे बात,
मन साक्षी, उनसे करती बात,
बगिया के उन फूलों से,
लाल गुलाब की पंखुड़ियों से,
पीले सूरजमुखी के माली से,
चौबारे के हरियाली से,
पर देख सामने उन्हें सन्न रह जाती,
सरिता किनारे बैठ मैं सोचूँ,
क्या है माज़रा हकीक़त में।

गुरु-शिष्य परंपरा

कुछ हमने सिखाया
कुछ तुमने बताया
किताबी भाषा से लेकर वास्तविकता से पहचान करवाया
गुरु-शिष्य परंपरा तुमने बखूबी निभाया

थोड़ा तुम बिगड़े
थोड़ा हम बिदके
कभी प्यार से
कभी डाँट के समझाया
कॉरिडोर में चलना
डाइनिंग हॉल में खाना
टीचर्स को देखकर कभी आँख बचाना तो कभी हँसकर नमस्ते कह जाना
केमिस्ट्री के लेक्चर को मिस्ट्री बताना
फुटबॉल खेलने के बहाने बनाना
लास्ट पीरियड हमेशा स्पोर्ट्स प्रैक्टिस के लिए भाग जाना
और पकड़े गए तो ज़ोनल मैचेस का बहाना बनाना।
गुरु-शिष्य परंपरा बख़ूबी निभाया।

स्कूल तुम्हें घर-सा है लगता,
दोस्त तुम्हें परिवार-सा है लगता,
शिक्षक तुम्हारे कभी गुरु तो कभी दोस्त बन जाते
मिलजुल कर चुटकियों में उलझने सुलझाते,
कभी साथ हँसते तो
कभी साथ-साथ किस्से-कहानियाँ हैं कहते
कभी कहानियों की तह तक हैं जाते,
कभी कहानियों के दूसरे पहलुओं को बताते,

हम तुम्हें बढ़ते हुए देखते जाते,
जीवन तुम्हारा हाथों से सजाते
हमारी डाँट में छुपा प्यार ही होता
चुनौतियों से भरा जीवन है होता
गड्ढे भर साथ हैं चलते
थामे हाथ साथ हैं चलते
मंजिल तुम्हारी हमारी बन जाती
जोश दिलों में जगाए रहती
कामयाबी की शिखर पर नयन होते
दस्तक दे प्राय: स्मरण कराते
लक्ष्य सदा तू साधे रहना
शिखर पर ध्यान बाँधे रहना
वो दिन भी जल्दी ही दस्तक दे जाता
न चाहकर भी तुम्हें भेजना होता
कठिन दिन ये होता
आँख खुशियों से छलछलाता
तुम्हें अपने पैरों पर देख खड़ा
एक गुरु का दिल खुशी से भर जाता।
तुम अपने लक्ष्य में सदा यूँ बढ़ते रहना
पुराने दिनों की यादें सहेजे रहना
कभी याद आए गुरु की तो
नमस्ते कहने हमसे मिलते रहना।
अपने दिलों में हमें हमेशा संजोए रहना
गुरु-शिष्य परंपरा निभाते रहना।

मैं तुम्हें यहीं मिलूँगी

मैं तुम्हें यहीं मिलूँगी,
पहाड़ों की हरियाली ताकती तेरी आँखों से,
कल-कल बहती धारा को
छूते तेरे पैरों से,
गुलाबी खिली धूप में,
जब बैठे बदन सेकती,
हरे मटर की छिम्मियों से,
खेलती कुछ सोचती।

पेड़ों को निहारती,
चिड़ियों को पुकारती,
खिले फूलों की ख़ूबसूरती सहेजती,
ख़ुद से बातें करती,
सांझ-सवेरा संवारती
मैं तुम्हें यहीं मिलूँगी।

तेज़ हवा जब बोलेगी,
पत्तों संग रस घोलेगी,
चाँदनी पसरेगी,
ओस की बूँदे बरसेगी,
बूँदों की माला बना,
गगन धरा की हो लिया,
मखमली घास में कदम,
चलने को बोलेगी,
सूरज की जब पहली किरण,
तेरा सीस चूमेगी,

मैं तुम्हें वहीँ मिलूँगी।
मेरे एहसास का सदा एहसास होगा,
एक चमकते सितारे का साथ होगा,
देखना हृदय की आँखों से,
सोचना मन के तारों से,
ठंडी हवा जब छू जाएगी,
एक खुशबू बिखर जाएगी,
जो याद उस समय आएगी,
तू सदा साथ पाएगी,
मैं तुम्हें यहीं मिलूँगी।

सदा यूँ ही चलते रहना

सदा यूँ ही चलते रहना,
पथ से अपने कभी न हिलना,
एक राह जो तूने ठाना है,
मीलों चलते जाना है,
हार के जो बैठ गए,
बैठ विचार कर लेना,
आँख मूँद कर के अपना
समस्या को ख़ुद हर लेना।
जाना, तुझे वहीं जाना है,
मन में तूने जो ठाना है,
रेत न समय को बनने देना,
समय से समय को बाँधे रहना,
सदा यूँ ही तू चलते रहना।
अपनों का साथ है,
हिम्मत की बात है,
गैर अपने बन जाते हैं,
मंजिल के पार जाना है,
मीलों चलते जाना है।

पीली बस

सुबह सवेरे पीली बस में,
बैठ स्कूल जाना है भाता,
किस्से-कहानियों के बीच,
बच्चों के मसले सुलझाना मुझे आता।

कहानियों के किरदार बदलते रहते,
कभी आहना तो कभी भावना होते,
कभी हँसी-मज़ाक,
कभी नोंक-झोंक,
तो कभी हो जाती तीखी तकरार,
कभी बस में पंचायत बैठती,
हर पक्ष का तर्क-वितर्क सुनती,
मौशी की अदालत में,
शिक्षिका थामे रहती तराजु का भार।
पक्ष दोनों ही सही लगते,
गलती किसी की न होती,
फ़िर भी कोई नहीं समझता,
कि थोड़ा झगड़ा थोड़ा प्यार।
हिदायत जारी कर दी जाती,
समझाने-बूझने की बातें होती,
आगे-पीछे फिर जगह बदलकर,
मामला रफ़ा-दफ़ा कर दी जाती।
सुन टिप्पणी ड्राइवर भइया की,
हँसी का माहौल बन जाता,
लड़ाई पर विराम लग जाता,
ख़ुशी का माहौल बन जाता।

पीली बस है सबसे प्यारी,
दोस्तों की दुनिया है न्यारी,
नए-नए किस्से बन जाते,
बाणेर से सुस की ओर जब जाते।
पहाड़ों के बीच से होते हुए,
सँकरे रास्ते से झूमते-गाते,
लाल इमारत देख सभी के,
चेहरे पर आ जाती मुस्कान।
सुबह सवेरे पीली बस में,
बैठ स्कूल जाना है भाता।

वो पन्ने

वो पन्ने जिन्हें दबा रखा है,

सबसे छुपा रखा है,

न चाहते हुए जाने,

कैसे खुल जाते हैं,

जो घाव भरने जाते हैं,

फिर से हरे हो जाते हैं।

भुला अतीत ज्यों ही खड़ी होती हूँ,

थोड़ी दूर चलकर,

ठोकर खाकर गिरती हूँ,

समेटती हूँ सब,

बाँध पट्टी शून्य में देखती हूँ।

हो जाता मुश्किल हर पक्ष को समझ पाना,

कितना मुश्किल ये दिल बयां कर पाना,

प्रेम की भाषा,

प्यार ये समझ नहीं पाता।

कोई चैन से सोता तो,

कोई आँसुओं से गम को धोता।

प्यार हर बार तराजु में बैठा होता।

हरियाली देखने को तरसी ये आँखें,

बाढ़-सा मन हो लेता।

मन

रे मन फिर क्यों उदास?
क्या दिल में कोई चाह है?
शीतल, सुन्दर अद्भुत ये मन,
मंदिर के मूरत-सा निष्पाप है।
रे मन तू क्यों उदास है?
चुप रहना ही ताकत है,
चुप रहना ही हिम्मत है,
चुप रहना ही शक्ति,
फिर तू क्यों डरा-डरा...
शायद मन से न मन को बाँध सकी,
धागे सुलझाने में धूप चली,
साँझ अँगना में पसर गया,
रात सुबह को निगल लिया,
रे मन फिर से तू हार गया।

एक टहनी के पंक्षी

एक टहनी कई पक्षियों का बसेरा,

मिलजुल कर रहते,

न तेरा न मेरा।

एक पंक्ति में बैठ

ताल से ताल मिलाते।

जो एक उड़ जाए तो,

सब उसके पीछे चले जाते।

आसमान में ऊँची उड़ान भर

चोंच में दाने भर सब वापस आ जाते।

कुछ ख़ुद खाते,

कुछ औरों को खिलाते,

एक टहनी कई पक्षियों का बसेरा।

अपनी अठखेलियाँ दिखाते,

सबका मन हर लेते,

कभी ये डाली,

कभी वो डाली,

कभी पत्तों के बीच से,

ताका-झाँकी करते।

पता उन्हें जाने कैसे चल जाता,

दूर से जब उनको देखा जाता,

जाने कहाँ सब गुम हो जाते,

पत्तियों में छुपकर,

मौसम को पहचान लेते।

एक टहनी कई पक्षियों का बसेरा।

प्यार की जुबां

प्यार की जुबां,
प्यार ही होती,
आँखें ही कहती,
आँखें ही पढ़ती,
पसरे सन्नाटे में,
मिशरी-सी घुलती,
इनकार, इकरार से लिपटी होती।
न दिन, न रात
न उम्र की बात,
बंसी की धुन,
धड़कन की झंकार,
एहसास खुबसूरत,
खुशबू फैलाते।
प्यार की जुबां,
आँखों से बयां होते।

कहानियाँ

कहानियाँ दम तोड़ रही,
वास्तविकता से कभी जुड़ती,
तो कभी नहीं भी।
कभी मन ही मन गुँथती रहती।
कभी खो जाती, तो उपेक्षा भी सहती।
चेहरे कभी समझती,
कभी नक़ाब से ढकी होती,
कभी सुन्दर,
कभी बदसूरत,
कभी छल,
कभी न मिले हल।
कहानियाँ दम तोड़ती,
सच्चाई से मुँह मोड़ती,
बुनते-बुनते कभी थमती,
कभी रोती,
कभी रुलाती,
कभी अपने हिस्से का सूखा दिखा जाती।
कहानियाँ दम तोड़ती,
वास्तविकता से जुड़ती,
कभी मन ही में रह जाती।

उलझे धागे

उलझे धागे,
उलझी बातें,
न पलटो तो,
पन्नों में ही रह जाती।
चोट लिए वीराने में,
चट्टान-सी खड़ी,
पन्नों की फड़फड़ाहट,
चीखें निकलती हुई।
सोचती हूँ कि…
वह भी सोचता होगा ये सब
या परेशानी लिए बस भटकता मन…

तेरा जाना

तेरा जाना,
तेरे आने की ख़ुशी दे जाता है,
तुझे देख पाने की गुदगुदी दे जाता है।
देख! सामने ढाल पर,
बैठी कोयल गाती है,
पपीहे की धुन में,
अपनी राग सजाती है।
कहती है मुझसे मिलन की बातें,
साथ बिताए सुख की रातें,
प्यार भरी वो कोमल बातें,
रस भरी सारी मुलाकातें।
तेरा जाना,
तेरे आने की ख़ुशी दे जाता है,
तुझे देख पाने की गुदगुदी दे जाता है।

इंसानियत

न किसी की जीत है,
न किसी की हार है,
सर्वप्रथम हम इंसान हैं,
हमें इंसानियत से प्यार है।
इंसानियत न देखे किसी का धर्म या मज़हब,
इंसानियत न पूछे कौन राजा कौन रंक,
अपनी ये धरती है, अपने ये लोग हैं,
सबका एक ही दीन और धर्म है।
इंसानियत न देखती सीमाएँ या बंधन,
इंसानियत नहीं माँगती, इंसानियत की कीमत।
इंसानियत है कहती दूरियों को मिटाना,
इंसानियत ही सिखाती इंसान को इंसान बनाना।
इंसानियत है देखती इंसान के करम को,
इंसानियत है सिखाती इंसान के धरम को।
इंसानियत ही है सबसे बड़ी इबादत।
इंसानियत न देखे कौन बूढ़ा कौन बच्चा,
इंसानियत हो जो इंसान के अंदर,
न तोड़ पाए उसे कोई भ्रम का समंदर।
इंसानियत के दम पे तू मोड़ दे रुख भयंकर,
न छू जाए कोई तेरे विश्वास का मंदिर।
ऐसी इंसानियत को सलाम है,
जो जोड़े रखे दिलों के विश्वास को।
धधकती ज्वालाएँ भी शांत हो जाती,
जब इंसान की इंसानियत बिक नहीं पाती।
इंसान की इंसानियत को,
हम सबका सलाम है।

कौन हूँ मैं

एक सत्य, मानव का सत्य,

ईश्वर की सच्चाई,

मनु का प्रतिबिम्ब,

जीवन-मृत्यु के चक्र में फँसी,

सत्य की खोज में लगी,

असत्य के भ्रम में फँसी,

कौन हूँ मैं?

चोटियों की ऊँचाई,

नदियों की गहराई,

धान की पहली रुपाई,

फसलों की पहली कटाई,

कौन हूँ मैं?

बच्चे की पहली रुलाई,

साँसे गिनती अंतिम विदाई,

रंगमंच के रंगीन पन्ने,

ज़मीन के बिखरे कोरे पन्ने,

कौन हूँ मैं?

सावन की हरियाली के वो झूले,

या पतझड़ में गिरते सूखे पत्ते,

दूब पर पड़ी ओस की बूँदे,

या धरा पर आती सुबह की पहली किरणें।

एक शीतल बहती धारा,

या ऊँची उठती तूफ़ान की लहरें,

कौन हूँ मैं?
आदि से अंत की खोज में निकली एक बाला,
अनगिनत राहों की राह ढूँढती एक नारी,
समय को तलाशती वो रुपा,
अंत को निहारती समरुपा,
कौन हूँ मैं?

एक घना पेड़

एक घने पेड़ की टहनियाँ,
अलग-अलग दिशा में बढ़ते,
जितनी भी ऊँची शाखाओं के कद,
जड़ से सदा जुड़े हैं रहते।
घोर आँधी-तूफ़ानों में भी,
बिना विचलित हो आगे हैं बढ़ते।
सूरज की तरह चमकते,
चाँदनी की शीतलता लेते।
टहनियाँ आगे बढ़ते रहते।
तारों के नीचे, जुगनुओं के बीच,
हँसी-ठिठोली से,
घर का अँगना महके।
पतझड़ बाद कोमल पत्तों से सजती डालें।
फूलों का खिलना,
सुगंध बिखेर मन आनन्दित करना।
शाखाएँ अनेक, एक मजबूत पेड़।
जड़ से सदा जुड़े रहते।

डाकिया

जब हम चिट्ठी-तार भेज
एक-दूसरे का हाल-चाल लिया करते थे,
करते बेसब्री से उसका इंतज़ार,
जो अपने समय पर,
ले आता झोली भर के समाचार।
खाकी वर्दी में वह आता था,
दुआ सलाम संग,
पाती बाँट कर जाता था।
चिट्ठी देता सबकी तबियत पानी लेता,
चेहरे पे मुस्कान बिखेर देता।
पता होता उसे हर घर का हाल,
किसका ख़त, कैसा समाचार...
काम का बड़ा पक्का था,
न गर्मी न सर्दी से डरता था,
वह तो अपने समय पर ही अड़ता था।
कोई चिट्ठी-पत्री नहीं भी हुई
तो राम-राम बोल जाता था,
हर घर में उसका भी एक हिस्सा होता,
थोड़ी देर कभी बैठ भी जाता,
सूरज को गरिया के,
अपने काम में वह फिर लग जाता।
मोहल्ले में सबका चहीता था,
पर्व-त्योहार का हिस्सा था,
आदर-सत्कार से सभी बुलाते,
वह खाकी वर्दी वाला,
चेहरे पे मुस्कान बिखेर देता था।

राहगीर

चारों ओर घनघोर अँधेरा पाया,
आगे खड़ी है धुँधली छाया,
डगर की पहचान नहीं,
सोच रहा बढ़ूँ या रुकूँ
तो सुन अपने दिल की बात,
राह वहीं बनेंगे,

लक्ष्य सहित राहगीर चलेंगे।
तू पथ अपना प्रशस्त कर,
अँधियारे में भी आगे बढ़,
पोंछ पसीना माथे की अब,
चिंताओं को भस्म कर सब,
अपनी पड़ाव तू खुद तय कर,
पीछे की फ़िक्र मत कर,
क्योंकि राह वहीं बनेंगे,
जहाँ लक्ष्य सहित राहगीर चलेंगे।

मुश्किलों के भय से जाग,
ममता के छाँव में शरण न ले,
शीर्ष उठाकर आगे बढ़,
भटक मत अपने मार्ग पर चल,
क्योंकि राह वहीं बनेंगे,
जहाँ लक्ष्य सहित राहगीर चलेंगे।
तू चल अपने संग सैलाब लेकर,
अपनी एक पहचान लेकर,
चक्रव्यूह सारे भेद करके,

रुकने का तो प्रश्न कहाँ।।
जब, सफलता सामने खड़ा मिला,
क्योंकि राह वहीं बनेंगे,
जहाँ लक्ष्य सहित राहगीर चलेंगे।

फिर मन बच्चा

आज फिर मन बच्चा बन जाने का करता है,
हर वो पल जो बिताए,
भाई-बहनों के संग,
फिर से जीने का करता है।
ममता की गोदी,
दादी की लोरी,
कहानियों का पिटारा,
सब सुनने का करता है,
घर का अँगना
चबूतरे पर धरना,
बैठ, वहाँ खेलने को करता है।
फिर से मन,
बच्चा बन जाने को कहता है।
धूल-मिट्टी से सनी वो हाँथे,
साथ में होती मम्मी की डाँटे,
साफ़-सुथरी चादरें,
मैली करने को मन करता है।
थक-हार कर शाम को सोना,
न खाने का बहाना होना,
संध्या समय घर में आना,
बिजली जाने का बहाना बनाना,
पढ़ाई से भागना,
अँधेरे में भूतों का आना,
अचानक से सबका,
ज़ोर से चिल्लाना,
मन फिर से बच्चा,

बन जाते का करता है।
छत पर तकिए की लड़ाई करना,
आदमी ज्यादा बिछौना कम होना,
रात में तारों को गिनकर सोना,
अँधियारे में पेड़ों पर,
किसी का बैठा होना,
एक बार फिर
सबको डराने का करता है।

समय से आगे

आज के इस आपाधापी में,
समय से आगे भाग रहे हैं हम,
दो वक्त की रोटी भी,
चलते-फिरते खाते हैं,
समय ने ऐसा समय दिखाया,
कि समय से आगे चल रहे हम...
याद आती वो पुरानी बातें
सुकून भरी वो सारी रातें,
एक-एक लम्हा तराश कर जिया,
आज का मंजर कुछ और कह रहा,
कब सुबह से शाम ढल जाए,
कभी हम आश्चर्य में पड़ जाए,
देने वाले ने सब दे डाला,
पास होकर भी दूर कर डाला।
पास होकर भी पास नहीं,
चैन की साँस नहीं,
एक-दूसरे से बातें,
चलते-फिरते करते जाते।
समय ने ऐसा समय दिखाया,
समय से आगे चल रहे हम।

Thank you for reading

Thank you so much for reading this book. Don't forget to give your valuable feedback about this book in the Review section. Also, rate this book between 1 to 5 stars and support us. You can directly contact to author and publisher with the given below.

Author email - anusinghpandey@gmail.com